5 CONSIGLI PER INIZIARE

1) COME RISOLVERE LE PAROLE INTRECCIATTE

I puzzle hanno un formato classico:

- Le parole sono nascoste senza spazi o trattini,...
- Orientamento: Le parole possono essere scritte in avanti, indietro, verso l'alto, verso il basso o in diagonale (possono essere invertite).
- Le parole possono sovrapporsi o intersecarsi.

2) APPRENDIMENTO ATTIVO

Accanto ad ogni parola c'è uno spazio per scrivere la traduzione. Per incoraggiare l'apprendimento attivo, un **DIZIONARIO** alla fine di questa edizione vi permetterà di controllare e ampliare le vostre conoscenze. Cerca e scrivi le traduzioni, trovale nel puzzle e aggiungile al tuo vocabolario!

3) SEGNARE LE PAROLE

Puoi inventare il tuo sistema di segni. Forse ne usi già uno? Per esempio, puoi segnare le parole difficili da trovare con una croce, le parole preferite con una stella, le parole nuove con un triangolo, le parole rare con un diamante, e così via.

4) STRUTTURARE L'APPRENDIMENTO

Questa edizione offre un **TACCUINO** alla fine del libro. In vacanza, in viaggio o a casa, puoi organizzare facilmente le tue nuove conoscenze senza bisogno di un secondo quaderno!

5) AVETE FINITO TUTTE LE GRIGLIE?

Nelle ultime pagine di questo libro, nella sezione della **SFIDA FINALE**, troverete un gioco gratuito!

Facile e veloce! Dai un'occhiata alla nostra collezione di libri di attività per il tuo prossimo momento di divertimento e **apprendimento,** a portata di clic!

Trova la tua prossima sfida su:

BestActivityBooks.com/MioProssimoLibro

Ai vostri posti, pronti...Via!

Sapevi che ci sono circa 7.000 lingue diverse nel mondo? Le parole sono preziose.

Amiamo le lingue e abbiamo lavorato duramente per creare libri di altissima qualità. I nostri ingredienti?

Una selezione di argomenti adatti all'apprendimento, tre buone porzioni di intrattenimento, una cucchiaiata di parole difficili e una spolverata di parole rare. Li serviamo con amore e entusiasmo in modo che tu possa risolvere i migliori giochi di parole e divertirti imparando!

La vostra opinione è essenziale. Puoi partecipare attivamente al successo di questo libro lasciandoci un commento. Ci piacerebbe sapere cosa ti è piaciuto di più di questa edizione.

Ecco un link veloce alla pagina dell'ordine:

BestBooksActivity.com/Recensione50

Grazie per il vostro aiuto e buon divertimento!

Tutta la squadra

1 - Scacchi

```
O  I  R  J  C  N  J  E  D  B  L  Q  N  P
N  S  E  U  L  O  K  U  E  X  W  B  E  R
U  Z  G  U  U  O  N  H  C  O  J  A  G  O
I  Ă  U  R  E  G  E  C  C  Ă  V  L  R  V
C  L  L  O  O  Z  B  E  U  Y  T  B  U  O
I  A  I  A  Ț  Ț  T  W  R  R  S  O  S  C
F  N  M  B  O  A  U  W  T  R  S  F  R  Ă
I  O  T  P  V  N  P  O  Q  R  T  K  A  R
R  G  U  E  I  G  E  T  A  R  T  S  S  I
C  A  R  T  S  O  R  E  G  I  N  Ă  R  N
A  I  N  C  A  W  N  G  D  V  L  K  E  Q
S  D  E  N  P  M  I  T  W  Z  S  S  V  O
Z  H  U  U  E  G  S  I  T  Ț  R  V  D  Y
Q  X  K  P  M  D  C  P  U  K  Q  O  A  T
```

ADVERSAR	PUNCTE
ALB	REGE
CAMPION	REGINĂ
CONCURS	REGULI
DIAGONALĂ	SACRIFICIU
JUCĂTOR	PROVOCĂRI
JOC	STRATEGIE
NEGRU	TIMP
PASIV	TURNEU

2 - Salute e Benessere #2

```
D  P  H  N  J  S  I  I  D  C  G  Z  Ţ  E
Ţ  E  R  J  C  U  G  C  I  A  M  G  Z  N
K  I  S  Z  S  U  I  T  G  L  L  R  F  E
F  Ţ  Z  H  P  S  E  I  E  O  A  E  N  R
S  I  X  Ţ  I  H  N  T  S  R  L  U  I  G
O  R  A  C  S  D  Ă  E  T  I  E  T  N  I
T  T  W  O  N  Â  R  P  I  I  R  A  F  E
Ă  U  L  R  K  O  N  A  E  W  G  T  E  Y
N  N  Ţ  P  O  Ţ  L  G  T  D  I  E  C  N
Ă  C  I  T  E  N  E  G  E  A  E  A  Ţ  H
S  P  I  T  A  L  Z  D  F  I  R  Q  I  Q
B  O  A  L  A  D  I  E  T  Ă  C  E  E  S
M  A  S  A  J  B  A  N  A  T  O  M  I  E
V  I  T  A  M  I  N  Ă  T  B  H  E  L  A
```

ALERGIE
ANATOMIE
APETIT
CALORII
CORP
DIETĂ
DIGESTIE
DESHIDRATARE
ENERGIE
GENETICĂ

IGIENĂ
INFECŢIE
BOALA
MASAJ
NUTRIŢIE
SPITAL
GREUTATE
SÂNGE
SĂNĂTOS
VITAMINĂ

3 - Aggettivi #2

```
P  L  I  M  O  P  A  K  N  N  A  F  R  F
C  U  I  N  Â  L  H  N  V  R  U  P  E  I
E  D  T  X  T  N  D  O  H  M  T  W  S  R
L  R  S  E  A  E  D  U  A  J  E  Ţ  P  E
E  A  Ă  M  R  G  R  R  J  V  N  U  O  S
B  M  N  A  Ă  N  C  E  U  I  T  S  N  C
R  A  Ă  O  S  G  I  E  S  T  I  C  S  T
U  T  T  F  L  Z  Z  C  S  A  C  A  A  F
E  I  O  J  P  F  M  L  H  E  N  T  B  C
J  C  S  J  I  Y  B  U  M  R  S  T  I  H
E  L  E  G  A  N  T  D  A  C  S  H  L  T
V  P  P  R  O  D  U  C  T  I  V  V  D  R
D  E  S  C  R  I  P  T  I  V  O  T  S  Q
Q  N  N  O  R  M  A  L  O  O  E  D  U  M
```

FOAME	INTERESANT
USCAT	FIRESC
AUTENTIC	NORMAL
CREATIV	NOU
DESCRIPTIV	MÂNDRU
DULCE	PRODUCTIV
DRAMATIC	PUR
ELEGANT	RESPONSABIL
CELEBRU	SĂRAT
PUTERNIC	SĂNĂTOS

4 - Ingegneria

```
D  U  D  S  T  A  B  I  L  I  T  A  T  E
M  I  N  I  S  T  R  U  C  T  U  R  A  T
M  F  A  E  A  P  R  O  P  U  L  S  I  E
O  N  Y  G  L  M  J  Z  X  Ț  E  X  C  N
T  Z  P  Z  R  T  E  R  A  R  U  S  Ă  M
O  J  A  L  S  A  E  T  J  P  R  U  L  A
R  N  T  Q  Ț  B  M  K  R  L  G  N  I  D
I  M  O  T  O  R  O  Ă  E  U  Z  E  C  Â
N  Q  D  Q  K  W  B  X  N  C  U  I  H  N
Ă  N  I  Ș  A  M  J  A  E  L  N  Ț  I  C
L  L  Ț  E  S  J  V  S  R  A  G  A  D  I
A  Y  A  B  M  H  Q  F  G  C  H  T  P  M
W  Z  L  Ț  I  Q  Y  U  I  S  I  O  L  E
X  Y  H  B  A  Q  W  K  E  T  Ă  R  I  E
```

UNGHI	LICHID
AXĂ	MAȘINĂ
CALCUL	MĂSURARE
DIAGRAMĂ	MOTOR
DIAMETRU	ADÂNCIME
MOTORINĂ	PROPULSIE
ENERGIE	ROTAȚIE
TĂRIE	STABILITATE
UNELTE	STRUCTURA

5 - Archeologia

```
S  F  T  E  M  P  L  U  A  K  A  H  P  F
R  O  T  Ă  T  E  C  R  E  C  N  Q  M  R
S  S  N  D  A  S  U  J  Ţ  S  T  D  W  B
R  I  Â  E  I  Ţ  A  Z  I  L  I  V  I  C
E  L  M  I  S  T  E  R  U  N  C  E  E  Z
L  W  R  F  H  U  T  J  I  P  H  C  V  X
I  N  O  Ţ  H  C  C  Y  T  L  I  H  A  F
C  Z  M  Ţ  N  S  E  P  A  N  T  I  L  R
V  A  E  Y  B  O  I  V  T  T  A  P  U  Y
Ă  L  X  E  N  N  B  D  L  M  T  Ă  A  F
V  B  P  M  N  U  O  X  C  E  E  P  R  W
Q  B  E  G  O  C  O  A  S  E  F  E  E  Y
N  X  R  O  S  E  F  O  R  P  O  E  R  L
E  T  T  W  H  N  A  N  A  L  I  Z  Ă  Ă
```

ANALIZĂ
ANTICHITATE
VECHI
CIVILIZAŢIE
UITAT
ERĂ
EXPERT
FOSIL
MISTER
OBIECTE

OASE
PROFESOR
RELICVĂ
CERCETĂTOR
NECUNOSCUT
ECHIPĂ
TEMPLU
MORMÂNT
EVALUARE

6 - Salute e Benessere #1

```
D  R  Ţ  U  S  O  X  A  I  O  J  B  H  C
O  H  E  U  E  Ă  N  C  F  B  R  S  B  R
C  O  V  F  Z  Q  N  T  X  I  V  R  E  N
T  R  I  P  L  E  I  I  H  C  Ș  U  M  H
O  M  R  W  I  E  N  V  C  E  V  R  P  B
R  O  U  U  Y  E  X  R  Î  I  M  X  Ţ  A
B  N  S  S  L  K  L  R  N  S  D  F  I  C
I  I  Ă  N  D  W  W  E  Ă  I  I  E  P  T
F  A  R  M  A  C  I  E  L  E  Q  I  M  E
Ă  R  U  T  C  A  R  F  Ţ  Q  O  P  F  R
B  P  T  F  A  C  I  N  I  L  C  A  O  I
L  D  S  W  I  R  G  E  M  C  Q  R  A  I
O  Y  O  Z  A  A  D  G  E  D  C  E  M  T
A  D  P  T  R  A  T  A  M  E  N  T  E  S
```

OBICEI	MUȘCHI
ÎNĂLȚIME	NERVI
ACTIV	HORMONI
BACTERII	PIELE
CLINICA	POSTURĂ
FOAME	REFLEX
FARMACIE	TERAPIE
FRACTURĂ	TRATAMENT
MEDICINĂ	VIRUS
DOCTOR	

7 - Aggettivi #1

```
G  A  B  S  O  L  U  T  M  E  S  I  S  J
N  E  I  I  G  B  G  F  P  H  S  M  U  G
U  V  N  E  K  A  X  O  F  E  O  P  B  B
L  N  R  E  S  I  N  C  E  R  R  O  Ț  C
C  D  E  O  R  A  O  P  G  S  O  R  I  K
I  K  D  T  K  O  T  P  S  M  L  T  R  Ț
T  S  O  C  I  T  S  I  T  R  A  A  E  I
N  D  M  G  K  Y  M  U  N  U  V  N  H  A
E  I  P  E  Î  N  C  E  T  E  M  T  D  R
D  Ț  Ț  C  X  O  Ț  R  D  T  R  J  T  O
I  M  E  N  S  O  X  G  R  A  E  I  R  M
M  A  R  E  V  I  T  C  A  K  M  P  Q  A
R  H  K  T  J  S  O  I  Ț  I  B  M  A  T
P  E  R  F  E  C  T  Z  C  P  U  E  E  V
```

AMBIȚIOS	IDENTIC
AROMAT	IMPORTANT
ARTISTIC	ÎNCET
ABSOLUT	LUNG
ACTIV	MODERN
IMENS	SINCER
EXOTIC	PERFECT
GENEROS	GREU
TINERI	VALOROS
MARE	SUBȚIRE

8 - Geologia

```
B E S R N V M Q C M E Z S E
V S V J X Ă Y V A I R Z T U
L P N C J R B K V N O W R Q
O C L Z G T X F E E Z E A U
G Z U O T A L P R R I C T A
L H L A D I C A N A U N N S
C D E A R P Q U Ă L N A E T
U Ț J I V Ț P I D E E C N A
T Z N C Z Ă Q C O R A L I L
R T S L W E F L N I W U T A
E F O S I L R A Z U E V N C
M P G T D H Z C S A R E O T
U D N C R I S T A L E G C I
R T I S T A L A G M I T E T
```

ACID
PLATOU
CALCIU
CAVERNĂ
CONTINENT
CORAL
CRISTALE
EROZIUNE
FOSIL
GHEIZER

LAVĂ
MINERALE
PIATRĂ
CUARȚ
SARE
STALAGMITE
STALACTIT
STRAT
CUTREMUR
VULCAN

9 - Campeggio

```
Q O C T I N C B A C A M A H
D Z O D N N A U H T V N Q E
L K R D S A N G X I E N U O
P X T E E T O V A J N A Z L
H Ă F Z C U E Ţ C T T L E D
X T L A T R I S H L U L I C
Q R A Ă Ă Ă F O C C R L Ţ T
B A K E R U D Ă P O Ă A C U
H H H R H I K I L S D C A W
C O P A C I E I H G N Â R F
A N I M A L E T F Z T E T Ţ
T C A B I N Ă A N U Z G S B
V Â N Ă T O A R E U B S I W
V V M B U S O L Ă W M D D K
```

COPACI	DISTRACŢIE
HAMAC	PĂDURE
ANIMALE	FOC
AVENTURĂ	INSECTĂ
BUSOLĂ	LAC
CABINĂ	LUNA
VÂNĂTOARE	HARTĂ
CANOE	MUNTE
PĂLĂRIE	NATURĂ
FRÂNGHIE	CORT

10 - Arti Visive

```
I  W  A  R  U  T  C  I  P  F  C  C  A  L
D  Ă  R  U  T  P  L  U  C  S  R  O  R  A
E  X  T  E  L  A  V  E  Ș  N  E  M  H  C
U  N  I  Y  P  X  Ă  N  Y  F  I  P  I  A
G  R  S  P  J  E  R  U  P  O  O  O  T  C
R  Z  T  K  L  E  E  B  O  K  N  Z  E  E
A  R  G  I  L  Ă  P  R  R  Z  P  I  C  R
F  I  L  M  M  R  O  Ă  T  Z  D  Ț  T  A
C  R  E  T  Ă  Y  D  C  R  O  T  I  U  M
K  Q  D  T  K  I  O  I  E  A  Y  E  R  I
A  P  I  U  Z  J  P  A  T  G  E  C  Ă  C
F  O  T  O  G  R  A  F  I  E  X  C  E  Ă
P  E  R  S  P  E  C  T  I  V  Ă  L  O  M
C  R  E  A  T  I  V  I  T  A  T  E  G  D
```

ARHITECTURĂ
ARGILĂ
ARTIST
CAPODOPERĂ
CĂRBUNE
ȘEVALET
CEARĂ
CERAMICĂ
COMPOZIȚIE
CREATIVITATE

FILM
FOTOGRAFIE
CRETĂ
CREION
PIX
PICTURA
PERSPECTIVĂ
PORTRET
SCULPTURĂ
LAC

11 - Tempo

```
D  W  C  A  L  E  N  D  A  R  G  A  L  P
E  T  N  I  A  N  Î  Z  I  H  P  A  D  U
C  K  S  G  A  S  V  Z  Q  T  N  T  Z  U
E  T  P  A  O  N  U  L  H  U  A  B  T  I
N  C  Ţ  U  M  D  I  M  I  N  E  A  Ţ  Ă
I  E  C  B  Z  I  M  M  R  I  A  J  X  N
U  A  Q  V  G  G  A  T  E  M  C  R  H  U
Z  S  Q  G  T  Y  F  Z  I  S  H  L  M  L
C  Ţ  G  J  Ă  N  Â  M  Ă  T  P  Ă  S  O
C  U  R  Â  N  D  W  Q  P  E  K  Ţ  U  C
X  E  P  T  D  X  M  O  U  O  Q  A  R  E
C  Y  T  T  N  W  C  O  D  Z  J  Ţ  I  S
W  A  N  U  A  L  E  R  O  T  I  I  V  F
U  R  V  R  V  E  V  Ă  W  A  J  B  M  L
```

AN	AMIAZĂ
ANUAL	MINUT
CALENDAR	NOAPTE
DECENIU	AZI
DUPĂ	ORĂ
VIITOR	CEAS
ZI	CURÂND
IERI	ÎNAINTE
DIMINEAŢĂ	SECOL
LUNĂ	SĂPTĂMÂNĂ

12 - Astronomia

```
F  A  E  C  H  I  N  O  C  Ț  I  U  E  N
Y  S  O  M  S  O  C  B  A  D  V  E  I  E
Ț  T  I  W  L  K  H  A  D  B  Ț  N  X  B
P  E  I  Ț  A  I  D  A  R  H  R  K  A  U
Ă  R  Ă  J  V  B  Y  B  K  X  O  D  L  L
M  O  T  C  T  U  A  N  O  R  T  S  A  O
Â  I  E  E  I  Ț  A  T  I  V  A  R  G  A
N  D  H  L  L  Y  B  D  Y  D  V  O  U  S
T  G  C  X  U  E  Z  T  P  Q  R  E  N  Ă
Y  R  A  V  V  N  S  M  I  X  E  T  I  U
O  U  R  E  C  L  A  C  H  Z  S  E  V  I
A  S  T  R  O  N  O  M  O  R  B  M  E  S
S  U  P  E  R  N  O  V  Ă  P  O  E  R  Y
P  L  A  N  E  T  Ă  G  O  R  Z  H  S  P
```

ASTEROID	NEBULOASĂ
ASTRONAUT	OBSERVATOR
ASTRONOM	PLANETĂ
CER	RADIAȚIE
COSMOS	RACHETĂ
ECHINOCȚIU	SUPERNOVĂ
GALAXIE	TELESCOP
GRAVITAȚIE	PĂMÂNT
LUNA	UNIVERS
METEOR	

13 - Circo

```
A O O E N A O L A B S F O V
C M M C L L K X A A U E L E
R R K O X E F V H N R V Ă L
O A Ţ R Y M F X J O N A D W
B D K T I E N A I C I G A M
A J O N G L E R N C G N R T
T B O M B O A N E T L V A R
P I S H Ţ I O M E E Q O P U
T N U Ă H E P U A L O E V C
S P E C T A T O R I G H B N
W S D I M A G I E B M T E L
Z D H Z A N I M A L E U J G
Ţ L A U R G I T M F H E Ţ V
X P C M U T S O C Y U L P Ă
```

ACROBAT
ANIMALE
BILET
BOMBOANE
CLOVN
COSTUM
ELEFANT
JONGLER
LEU
MAGIE

MAGICIAN
MUZICĂ
BALOANE
PARADĂ
MAIMUŢĂ
SPECTATOR
CORT
TIGRU
TRUC

14 - Algebra

```
V A R I A B I L V O Z J R E
Ţ K Ă M U S F O R M U L Ă M
W F M S I M P L I F I C A P
T W U L A Ă Z E T N A R A P
S X N A O M V L C F N J Ţ R
S O F F I A K W I I D C D S
C I L Y T R N O P N R G R B
Ă N G U Q G V E R F I T H B
D F Z M Ţ A N C O A V A A D
E I E N Q I Q U B C N U R M
R N R V N D E A L T D N E C
E I O R D M R Ţ E O Ţ H D Ţ
V T H U F G K I M R H Z V Z
G R A F I C E E Ă I G W U F
```

DIAGRAMĂ
ECUAŢIE
FALS
FACTOR
FORMULĂ
GRAFIC
INFINIT
LINIAR
MATRICE

NUMĂR
PARANTEZĂ
PROBLEMĂ
SIMPLIFICA
SOLUŢIE
SUMĂ
SCĂDERE
VARIABIL
ZERO

15 - Mitologia

```
C B V C S C P F C K A D R E
E R I R U M E N U P R E Ă R
M F E W O F K I L E H Z Z O
Z O G A J W E Ţ T R E A B U
R J N N R E R Ă U A T S O Y
H L M S B E Ţ T R N I T I O
M A U B T I A I Ă U P R N I
A B R M E R V E D B T U I E
G I I J N Ă U Z N Z M P C O
I R T X U T U T E Ă U B Ă H
C I O M T P H W G R C C Y F
A N R E G L U F E S R O G Q
B T B P E I Z O L E G B Y N
C O M P O R T A M E N T L B
```

ARHETIP	GELOZIE
COMPORTAMENT	RĂZBOINIC
FĂPTURĂ	NEMURIRE
CREARE	LABIRINT
CULTURĂ	LEGENDĂ
DEZASTRU	MAGIC
ZEITĂŢI	MURITOR
EROU	MONSTRU
TĂRIE	TUNET
FULGER	RĂZBUNARE

16 - Piante

```
M  R  L  Y  P  H  G  J  Y  F  S  C  B  B
H  V  L  C  E  J  P  O  P  L  I  O  A  O
Ș  N  B  A  T  S  F  Ă  X  L  I  P  M  T
I  U  G  C  A  M  Q  I  D  B  C  A  B  A
F  I  H  T  L  U  I  A  I  U  A  C  U  N
U  R  X  U  Ă  Ș  E  R  H  W  R  C  S  I
T  Ţ  U  S  D  C  D  B  Ţ  P  I  E  Ă  C
X  R  Ţ  N  U  H  E  Ă  J  F  G  R  N  Ă
R  Q  U  I  Z  I  R  S  D  Z  R  A  I  J
F  L  O  R  Ă  E  Ă  B  A  F  R  O  D  A
Î  N  G  R  Ă  Ş  Ă  M  Â  N  T  L  Ă  O
C  R  E  Ș  T  E  L  O  S  A  F  F  R  X
O  F  F  R  R  Ă  D  Ă  C  I  N  Ă  G  H
V  E  G  E  T  A  Ţ  I  E  J  Z  Y  X  Ţ
```

COPAC	ÎNGRĂŞĂMÂNT
BACĂ	FLOARE
BAMBUS	FLORĂ
BOTANICĂ	FRUNZE
CACTUS	PĂDURE
TUFIȘ	GRĂDINĂ
CREȘTE	MUȘCHI
IEDERĂ	PETALĂ
IARBĂ	RĂDĂCINĂ
FASOLE	VEGETAȚIE

17 - Spezie

```
Q  E  C  L  U  D  J  C  L  F  L  V  N  G
Q  D  L  U  N  R  Z  Ă  P  A  E  C  U  H
E  J  C  U  R  K  X  K  K  K  M  T  C  I
O  I  N  K  E  R  G  U  I  I  N  C  Ş  M
Z  D  S  S  P  A  Y  L  Z  R  D  U  O  B
N  O  I  M  I  H  C  W  E  P  U  R  A  I
B  E  D  P  P  A  U  A  N  A  L  C  R  R
V  A  N  I  L  I  E  S  R  P  C  U  Ă  E
Ș  O  F  R  A  N  R  S  T  D  E  M  F  H
I  C  C  Z  A  M  A  R  W  U  A  Ă  J  L
F  G  U  A  N  A  S  O  N  X  R  M  F  N
F  E  N  I  C  U  L  Z  Y  X  V  O  O  Y
C  O  R  I  A  N  D  R  U  Ţ  F  O  I  M
Y  S  C  O  R  Ţ  I  Ș  O  A  R  Ă  C  M
```

USTUROI	DULCE
AMAR	FENICUL
ANASON	LEMN DULCE
SCORȚIȘOARĂ	NUCŞOARĂ
CARDAMOM	PAPRIKA
CEAPĂ	PIPER
CORIANDRU	SARE
CHIMION	VANILIE
CURCUMĂ	ȘOFRAN
CURRY	GHIMBIR

18 - Numeri

```
Ș  A  S  E  G  N  O  U  Ă  V  R  I  X  C
Ș  A  P  T  E  S  P  R  E  Z  E  C  E  I
O  L  R  P  G  Y  D  Z  C  C  C  Y  C  N
P  D  G  O  W  T  O  E  E  Ț  E  E  E  C
T  O  R  E  Z  L  U  C  Z  T  Z  Z  Z  I
S  I  C  N  I  C  Ă  I  E  B  E  A  E  S
P  S  O  C  V  F  Z  M  R  E  R  Q  R  P
R  P  K  D  J  G  E  A  P  D  P  Q  R  R
E  R  Ș  T  M  F  C  L  S  S  S  Ț  S  E
Z  E  F  A  Ț  Ț  I  A  I  E  Ă  Q  I  Z
E  Z  T  F  P  F  G  O  E  Z  U  M  A  E
C  E  N  U  R  T  A  P  R  B  O  W  P  C
E  C  P  E  D  I  E  R  T  R  N  H  F  E
W  E  C  E  Z  E  R  P  S  I  A  Ș  U  M
```

CINCI	PAISPREZECE
ZECIMAL	PATRU
NOUĂSPREZECE	CINCISPREZECE
ȘAPTESPREZECE	ȘAISPREZECE
OPTSPREZECE	ȘASE
ZECE	ȘAPTE
DOISPREZECE	TREI
DOI	TREISPREZECE
NOUĂ	DOUĂZECI
OPT	ZERO

19 - Cioccolato

```
R  E  Ț  E  T  Ă  I  I  E  T  H  A  N  A
Z  S  O  M  S  Z  O  J  S  B  Q  R  U  M
F  M  L  T  Z  Q  A  G  O  A  C  A  C  A
K  J  D  S  R  W  D  H  G  Z  M  H  Ă  R
Ț  Ă  M  O  R  A  P  U  Ă  K  T  I  D  I
C  A  L  I  T  A  T  E  L  R  B  D  E  N
J  T  B  C  I  Y  N  M  Q  C  K  E  C  G
G  F  T  I  I  R  O  L  A  C  E  H  O  R
H  O  H  L  W  W  E  X  O  T  I  C  C  E
M  P  L  E  M  A  R  A  C  W  N  Ț  O  D
A  H  E  D  B  B  R  Z  V  Y  W  B  S  I
A  N  T  I  O  X  I  D  A  N  T  N  L  E
G  U  S  T  I  R  O  V  A  F  R  A  R  N
C  I  H  B  O  M  B  O  A  N  E  H  D  T
```

AMAR
ANTIOXIDANT
ARAHIDE
POFTA
CACAO
CALORII
BOMBOANE
CARAMEL
DELICIOS
DULCE

EXOTIC
GUST
AROMĂ
INGREDIENT
NUCĂ DE COCOS
FAVORIT
CALITATE
REȚETĂ
ZAHĂR

20 - Guida

```
H  B  K  G  M  Ţ  F  M  E  M  T  R  G  S
R  A  E  E  P  P  R  A  J  O  R  R  L  I
W  I  R  I  K  E  Â  Ş  K  T  A  W  I  G
H  T  A  T  Z  R  N  I  I  O  N  D  B  U
V  N  T  I  Ă  I  E  N  F  C  S  Q  I  R
F  E  I  L  W  C  S  Ă  B  I  P  P  T  A
L  D  W  O  V  O  Q  J  G  C  O  Y  S  N
E  I  P  P  A  L  W  Y  A  L  R  K  U  Ţ
N  C  C  Q  A  Y  R  O  R  E  T  Y  B  Ă
U  C  Ţ  E  G  G  K  U  A  T  V  Z  M  S
T  A  U  V  N  A  I  E  J  Ă  P  Z  O  E
D  R  U  M  U  Ţ  Z  T  R  A  F  I  C  F
P  I  E  T  O  N  Ă  M  O  T  O  R  L  P
V  I  T  E  Z  Ă  U  A  U  T  O  B  U  Z
```

MAŞINĂ
AUTOBUZ
COMBUSTIBIL
FRÂNE
GARAJ
GAZ
ACCIDENT
LICENŢĂ
HARTĂ
MOTOCICLETĂ

MOTOR
PIETON
PERICOL
POLITIE
SIGURANŢĂ
DRUM
TRAFIC
TRANSPORT
TUNEL
VITEZĂ

21 - I Media

```
I N T E L E C T U A L F C I
U E L L O C A L N M T I O N
G L A I C R E M O C H N M D
T B U T Y E M P Ț F M A U U
R O D P U B L I C O R N N S
E I I N I D U T I T A Ț I T
I D V O E Q L R R O Y A C R
N A I H N F A P E G X R A I
I R D Ț W L T N G R F E R E
P K N R I X I D U A A A E P
O U I J G E G N U F P D K Q
E D U C A Ț I E E I T Z C I
P R E S Ă S D W S I E P L B
N V C R S J R E Ț E A Y I A
```

ATITUDINI
COMERCIAL
COMUNICARE
DIGITAL
EDIȚIE
EDUCAȚIE
FAPTE
FINANȚAREA
FOTOGRAFII
PRESĂ

INDIVIDUAL
INDUSTRIE
INTELECTUAL
LOCAL
ONLINE
OPINIE
PUBLIC
RADIO
REȚEA

22 - Forza e Gravità

```
F  J  D  K  M  L  V  I  T  E  Z  Ă  D  E
I  H  I  E  R  A  C  E  R  F  I  Z  T  X
Z  G  S  C  G  S  G  D  P  T  Ț  W  A  P
I  Ă  T  I  B  R  O  N  H  H  Ă  E  S  A
C  F  A  M  E  E  C  N  E  E  T  E  L  N
Ă  R  N  A  K  V  P  N  N  T  E  Z  E  S
Y  V  Ț  N  U  I  O  R  U  A  I  Z  O  I
D  I  Ă  I  I  N  P  M  I  T  R  S  W  U
U  O  M  D  B  U  S  N  S  U  P  F  M  N
M  I  Ș  C  A  R  E  V  E  E  O  V  P  E
X  E  A  A  X  Ă  G  U  R  R  R  G  N  C
I  M  P  A  C  T  Ț  D  P  G  P  X  L  I
L  T  B  U  B  M  E  C  A  N  I  C  A  C
C  E  N  T  R  U  P  L  A  N  E  T  E  E
```

AXĂ	MIȘCARE
FRECARE	ORBITĂ
CENTRU	GREUTATE
DINAMIC	PLANETE
DISTANȚĂ	PRESIUNE
EXPANSIUNE	PROPRIETĂȚI
FIZICĂ	TIMP
IMPACT	UNIVERSAL
MAGNETISM	VITEZĂ
MECANICA	

23 - Uccelli

```
E  G  F  V  S  P  D  I  Ș  S  T  Â  R  C
C  Â  N  J  T  S  E  H  Y  O  A  P  D  L
P  S  Q  J  R  F  I  S  A  T  I  L  Z  V
I  C  U  F  U  W  B  U  C  C  R  M  E  B
N  Ă  H  K  Ț  Z  A  Ă  D  Ă  B  E  L  F
G  P  V  A  H  G  R  A  A  Ț  R  Ț  V  A
U  U  E  I  M  T  V  J  Q  A  G  U  E  P
I  G  E  L  T  D  S  X  X  R  I  B  Ș  Ă
N  O  G  N  I  M  A  L  F  P  I  P  V  U
C  T  J  H  D  C  P  A  P  A  G  A  L  N
Q  Z  N  P  U  I  A  V  U  L  T  U  R  W
B  A  R  Z  Ă  C  Z  N  A  C  U  O  T  J
I  W  J  C  U  C  P  O  R  U  M  B  E  L
X  G  S  D  Y  U  U  F  B  M  B  M  C  M
```

STÂRC	PAPAGAL
RAȚĂ	VRABIE
VULTUR	PĂUN
BARZĂ	PELICAN
LEBĂDĂ	PORUMBEL
CUC	PINGUIN
ȘOIM	PUI
FLAMINGO	STRUȚ
PESCĂRUȘ	TOUCAN
GÂSCĂ	OU

24 - Giorni e Mesi

```
I  C  P  G  R  Ă  T  Ă  B  M  Â  S  L  N
R  U  C  A  L  E  N  D  A  R  M  O  D  O
E  L  N  Z  R  I  A  U  R  Q  A  L  S  I
N  E  H  I  C  R  A  F  L  Z  R  U  Ă  E
I  I  E  E  E  A  Y  U  Z  Y  Ț  N  P  M
V  L  I  J  K  U  N  V  G  V  I  I  T  B
H  I  R  U  C  R  E  I  M  U  B  Y  Ă  R
Q  R  B  Z  D  B  O  K  H  H  S  Y  M  I
S  P  M  C  X  E  O  G  X  F  O  T  Â  E
A  A  E  H  R  F  K  Z  U  N  T  R  N  I
O  C  T  O  M  B  R  I  E  V  B  V  Ă  U
Q  E  P  M  Y  I  A  N  U  A  R  I  E  L
K  B  E  D  U  M  I  N  I  C  Ă  B  W  I
K  H  S  A  D  E  C  E  M  B  R  I  E  E
```

AUGUST	LUNI
AN	MARȚI
APRILIE	MIERCURI
CALENDAR	LUNĂ
DECEMBRIE	NOIEMBRIE
DUMINICĂ	OCTOMBRIE
FEBRUARIE	SÂMBĂTĂ
IANUARIE	SEPTEMBRIE
IUNIE	SĂPTĂMÂNĂ
IULIE	VINERI

25 - Casa

```
T F L A M P Ă M Ă T U R Ă R
A E C F Z A U C R V R K R O
V R Y O G E Ă N I D Ă R G B
A E Z B V D C A M E R Ă A I
N A P I Z O U Ă B X L R R N
L S G B N P R Ș X G X T D E
E T D L N L N U Z Q P A B T
Q R Z I O J G S Q P I V A W
E Ă A O M A N S A R D Ă Z O
W Z F T I R O G L I N D Ă V
U C W E L A G P E R E T E Q
M O C C O G A C O P E R I Ș
T V U Ă B U C Ă T Ă R I E O
Z X J I N P B N E N X I X D
```

MANSARDĂ
BIBLIOTECĂ
CAMERĂ
VATRĂ
BUCĂTĂRIE
DUȘ
FEREASTRĂ
GARAJ
GRĂDINĂ
LAMPĂ

PERETE
PODEA
UȘĂ
GARD
ROBINET
MĂTURĂ
TAVAN
OGLINDĂ
COVOR
ACOPERIȘ

26 - Fantascienza

```
A E E I P O T S I D N R C V
G E F X T J X V E C T E P D
F C O V T P R A N I G A M I
U Ă C T P R S B L M L L M P
T R L L V E E L M O U I G T
U Ț I O I I N M I T M S F P
R I L U C X Q R S A E T A L
I W U T I A C A T R E Z N A
S P Z O N L R I E O D K T N
T X I P E A F O R B Q Ț A E
W Q E I M G T U I O W F S T
L E R E A R Q C O Ț U A T Ă
E X P L O Z I E S I X Y I W
T E H N O L O G I E R U C M
```

ATOMIC
CINEMA
DISTOPIE
EXPLOZIE
EXTREM
FANTASTIC
FOC
FUTURIST
GALAXIE
ILUZIE

IMAGINAR
CĂRȚI
MISTERIOS
LUME
ORACOL
PLANETĂ
REALIST
ROBOȚI
TEHNOLOGIE
UTOPIE

27 - Città

```
B B H S S J X M Ţ M G C O Ţ
A Y C Ă T N A R U A T S E R
N F H C E U C B Y G R N N N
C L B E K A I L P A O P R B
Ă O H T R P N A L Z P A L Z
P R B O A Z I D G I O G T X
E A E I M F L Y L N R D E S
I R I L R X C S H J E X A S
R K C B E X A K A O A X T T
Ă Ţ A I P K M P R O T U R A
T T M B U C I N E M A E U D
U C R A S Ş C O A L Ă Z L I
R Q A G A L E R I E Ţ U E O
B N F L I B R Ă R I E M J N
```

AEROPORT
BANCĂ
BIBLIOTECĂ
CINEMA
CLINICA
FARMACIE
FLORAR
GALERIE
HOTEL
LIBRĂRIE

PIAŢĂ
MUZEU
MAGAZIN
BRUTĂRIE
RESTAURANT
ŞCOALĂ
STADION
SUPERMARKET
TEATRU

28 - Fattoria #1

```
R P A P M D D I U U E A F X
Î V H M O Q H F S T U R M Ă
F N V Â I V X H V Z R O I C
Â A G C J E N I Â C P U I I
N L S R S R R P J V A C Ă S
I B N O Ă E Z E R O E U V I
W Ţ P R Ş M Y O V Ţ V I P
H N I Z P H Ă I G A R D Ţ B
Z Ă P R A G Ă M N Q Ţ A E M
J M C X C C O N Â Ţ Ţ Z L L
U M A S R S H Y F N E L W K
L R O F X D H E D R T C A L
S K H W G E H P A P Ă M N I
A G R I C U L T U R Ă O R K
```

APĂ
AGRICULTURĂ
ALBINĂ
MĂGAR
CÂMP
CÂINE
CAPRĂ
CAL
ÎNGRĂŞĂMÂNT
FÂN

PISICĂ
TURMĂ
PORC
MIERE
VACĂ
PUI
GARD
OREZ
SEMINŢE
VIŢEL

29 - Psicologia

```
F  L  E  P  C  S  S  E  N  Z  A  Ț  I  E
Z  R  V  E  V  U  E  M  O  Ț  I  I  I  I
C  E  A  R  D  B  V  X  F  K  C  X  E  R
O  A  L  S  R  C  R  X  N  Z  Y  O  I  Ă
N  L  U  O  Q  O  G  Ț  F  W  B  U  P  L
F  I  A  Ț  N  T  V  Q  S  A  H  A  I  I
L  T  R  A  G  Ș  Ă  M  E  L  B  O  R  P
I  A  E  L  T  T  I  D  E  I  G  H  E  O
C  T  C  I  N  I  L  C  P  U  A  S  T  C
T  E  M  T  N  E  I  T  Ș  N  O  C  N  I
Q  X  R  A  E  N  E  G  O  R  V  E  R  P
J  U  I  T  G  T  G  Â  N  D  U  R  I  X
R  X  S  E  I  Ț  P  E  C  R  E  P  Z  L
T  O  Z  U  C  U  N  O  A  Ș  T  E  R  E
```

CLINIC
CUNOAȘTERE
CONFLICT
EGO
EMOȚII
IDEI
INCONȘTIENT
COPILĂRIE
GÂNDURI

PERCEPȚIE
PERSONALITATE
PROBLEMĂ
REALITATE
SENZAȚIE
SUBCONȘTIENT
TERAPIE
EVALUARE

30 - Paesaggi

```
P  L  A  J  Ă  Z  R  P  R  O  M  O  L  Z
Ă  L  U  S  N  I  N  E  P  I  L  Ţ  Y  Y
O  C  E  A  N  N  W  Ș  A  Q  A  S  I  N
N  A  I  A  J  S  D  T  M  R  Ș  E  K  A
T  L  M  D  I  S  Z  E  U  H  T  I  N  C
C  O  F  E  L  S  C  R  N  C  I  Ă  E  L
G  A  Z  A  X  U  B  Ă  T  D  N  R  Â  U
I  H  S  L  J  Q  L  E  E  H  Ă  D  F  V
V  R  E  C  W  U  H  M  R  Y  Z  N  O  C
A  M  A  I  A  E  B  A  S  G  A  U  R  E
L  R  T  F  Z  D  S  R  X  N  O  T  U  Ţ
E  U  Q  O  R  E  Ă  E  D  E  Ș  E  R  T
I  N  S  U  L  Ă  R  G  H  E  Ț  A  R  T
A  G  Y  M  N  P  J  I  X  G  G  S  A  L
```

CASCADĂ
DEAL
DEȘERT
RÂU
GHEIZER
GHEȚAR
PEȘTERĂ
AISBERG
INSULĂ
LAC

MARE
MUNTE
OAZĂ
OCEAN
MLAȘTINĂ
PENINSULĂ
PLAJĂ
TUNDRĂ
VALE
VULCAN

31 - Energia

```
M Ţ Z H C Ă N X M M R R P S
M O H I D R O G E N E B X T
E A T N E U T E I O G A B M
O L Z O I D O P R R E B E E
E I E Z R L F L T T N U N D
N B R C E Ă F F S C E R Z I
T I A T T C Ă G U E R A I U
R T U U A R N O D L A E N Z
O S L R B Y I D N E B L Ă O
P U O B F N R C I O I C D Z
I B P I Y R O Q P W L U L T
E M G N K S T N Â V E N T G
Z O Q Ă L G O C A R B O N P
W C Q U P A M T F E J U K Z
```

MEDIU
BATERIE
BENZINĂ
CĂLDURĂ
CARBON
COMBUSTIBIL
MOTORINĂ
ELECTRIC
ELECTRON
ENTROPIE

FOTON
HIDROGEN
INDUSTRIE
POLUARE
MOTOR
NUCLEAR
REGENERABILE
TURBINĂ
ABUR
VÂNT

32 - Ristorante #2

```
C  X  P  S  X  R  T  M  Y  S  T  S  U  V
S  O  I  C  I  L  E  D  G  T  H  H  C  W
P  Z  N  L  I  N  G  U  R  Ă  C  R  U  F
Q  R  X  D  A  G  O  N  Ţ  T  P  F  S  B
A  R  Â  Y  I  K  U  U  I  A  E  R  U  I
P  M  N  N  M  M  Q  F  Ă  L  Ş  U  P  G
Ă  A  P  U  Z  I  E  W  H  A  T  C  Ă  N
G  H  E  A  Ţ  Ă  U  N  S  S  E  T  W  H
K  S  G  C  X  S  V  I  T  I  R  E  P  A
D  W  M  S  V  U  J  D  Ţ  E  W  R  C  O
L  E  G  U  M  E  B  G  N  T  Q  A  I  C
Ţ  Ţ  I  F  W  D  H  H  M  O  C  S  N  K
G  B  C  H  E  L  N  E  R  R  L  Q  A  U
B  Ă  U  T  U  R  Ă  T  R  T  L  X  N  W
```

APĂ	SALATĂ
APERITIV	SUPĂ
BĂUTURĂ	PEŞTE
CHELNER	PRÂNZ
CINA	SARE
LINGURĂ	SCAUN
DELICIOS	CONDIMENTE
FURCĂ	TORT
FRUCT	OUĂ
GHEAŢĂ	LEGUME

33 - Moda

```
S  F  H  Ţ  O  B  R  O  D  E  R  I  E  E
B  T  U  M  R  V  D  M  P  M  U  C  S  L
T  W  I  L  I  E  A  B  O  X  V  S  I  E
W  P  J  L  G  M  N  U  P  D  H  X  M  G
S  I  E  U  I  O  T  T  Q  G  E  W  P  A
B  O  Ţ  Q  N  D  E  I  A  Y  Q  L  L  N
U  K  F  A  A  E  L  C  N  Z  L  T  U  T
T  V  D  I  L  S  Ă  R  U  T  Ă  S  E  Ţ
O  Y  B  X  S  T  M  O  D  E  R  N  N  I
A  L  I  B  A  T  R  O  F  N  O  C  S  J
N  V  V  H  T  S  I  L  A  M  I  N  I  M
E  Y  Z  T  M  K  N  C  I  T  C  A  R  P
T  E  N  D  I  N  Ţ  Ă  A  S  G  Q  N  D
T  E  X  T  U  R  Ă  R  M  T  C  V  F  N
```

BUTIC	PRACTIC
SCUMP	BUTOANE
CONFORTABIL	BRODERIE
ELEGANT	SIMPLU
MINIMALIST	SOFISTICAT
MODEL	STIL
MODERN	TENDINŢĂ
MODEST	ŢESĂTURĂ
ORIGINAL	TEXTURĂ
DANTELĂ	

34 - L'Azienda

```
M D U Y U U P I E R P I Y J
A E X A N R I I S S R H A D
N C V S I O R R R K O R J T
G I I R T T U A U C D E P O
A Z T X Ă A T L S C U Ț R R
J I A Y Ț V I A E C S N O E
A E E G I O N S R G C I G P
R E R A T N E Z E R P D R U
E F C R Z I V M L R S N E T
P R O F E S I O N A L E S A
I N V E S T I Ț I I B T C T
G K E C A L I T A T E O U I
P O S I B I L I T A T E L E
I N D U S T R I E T V E S G
```

CREATIV
DECIZIE
GLOBAL
INDUSTRIE
INOVATOR
INVESTIȚII
ANGAJARE
POSIBILITATE
PREZENTARE
PRODUS

PROFESIONAL
PROGRES
CALITATE
VENITURI
REPUTATIE
RISCURI
RESURSE
SALARII
TENDINȚE
UNITĂȚI

35 - Giardino

```
L F T T P H J G R E B L Ă C
O U D R A G S O L B A N C Ă
P R D Z A I X Ș V J T C K Ţ
A T M U J M J I S S V F B H
T U U M S F B F T H A M A C
Ă N D I E L I U Y E B A I A
D I I Z L O T T L P R F J P
V F N O Z A G H B I Ă A T O
H U E J I R Y R D L N D S C
G D I R P E J W L W I Ă U Ă
M A U V E R A N D Ă D B R Ţ
X X R L I V A D Ă P Ă R H K
R M U A S I D T L L R A U B
Z B B A J W M O S A G I F G
```

COPAC	BANCĂ
HAMAC	VERANDĂ
TUFIȘ	GAZON
IARBĂ	GREBLĂ
BURUIENI	GARD
FLOARE	IAZ
LIVADĂ	SOL
GARAJ	TERASĂ
GRĂDINĂ	TRAMBULINĂ
LOPATĂ	FURTUN

36 - Frutta

```
P C F M R Z N I C F H M A B
A W B E M U V S J J N U U W
P U I L A C O T R O P R Ă M
A T A Ă N A N A B D G E C G
Y P N R G X L Ă Ș A E R I C
A R A U O T Ă S Q C N H S Ț
Ț U N E M S M I Z O E M R S
R N A M J V Â A N V P Z E T
Y Ă S Z Q K I C Ț A E O I R
P A R Ă F Q E C M G P N P U
C K A L Z V A R J C I Ț K G
V R S K W C B G E H D D C U
N E C T A R I N Ă C A B E R
X F H C F U O H G K I W I I
```

CAISĂ	MANGO
ANANAS	MĂR
PORTOCALIU	PEPENE
AVOCADO	MURE
BACĂ	NECTARINĂ
BANANĂ	PAPAYA
CIREAȘĂ	PARĂ
KIWI	PIERSICĂ
ZMEURĂ	PRUNĂ
LĂMÂIE	STRUGURI

37 - Fattoria #2

```
D  L  G  D  W  L  V  Ţ  A  P  M  A  D  O
O  R  Z  L  J  R  W  A  N  O  I  I  T  Q
O  I  B  A  S  V  J  S  I  R  I  U  E  H
J  S  T  P  L  P  G  K  M  U  F  X  R  L
V  X  V  T  A  U  S  R  A  M  R  B  A  O
V  Z  D  E  O  L  N  E  L  B  U  M  G  Y
H  A  M  B  A  R  I  C  E  L  C  C  I  K
T  U  W  W  U  Y  G  M  Ă  Q  T  G  R  Y
L  I  V  A  D  Ă  Â  E  E  R  R  R  I  G
J  G  P  E  S  Ţ  Ş  E  I  N  O  Â  Y  G
Q  U  V  S  T  A  T  N  A  U  T  U  C  Q
K  R  E  I  M  R  E  F  O  V  S  E  Q  K
T  R  A  C  T  O  R  U  V  V  Ă  M  A  L
K  K  H  Z  Q  E  F  S  T  U  P  E  P  E
```

MIEL	IRIGARE
FERMIER	LAMĂ
STUP	LAPTE
RAŢĂ	PORUMB
ANIMALE	GÂŞTE
ALIMENTE	ORZ
HAMBAR	PĂSTOR
FRUCT	OAIE
LIVADĂ	LUNCĂ
GRÂU	TRACTOR

38 - Verdure

```
A S C I Ţ V H Q S T N B R M
N I P E I Ș O R H A K L I B
G M Ă T A H J I F H L E E Q
H O T F I P K E R Ă Z A M S
I R R B O Ă Ă N I L E Ţ T M
N C U X R T O S X F N R X Ă
A O N H U O C I U P E R C Ă
R V J C T L C X N A L I A T
E X E E S A J C G N M B E Ă
L Z L M U Ș M O O W R M L N
R I D I C H E H G L F I V Â
C A S T R A V E T E I H O V
W Ţ S P A N A C M V H G D R
B F B A E C A R T O F N Z Ţ
```

USTUROI

BROCCOLI

ANGHINARE

MORCOV

CASTRAVETE

CEAPĂ

CIUPERCĂ

SALATĂ

VÂNĂTĂ

CARTOF

MAZĂRE

ROȘIE

PĂTRUNJEL

NAP

RIDICHE

ȘALOTĂ

ȚELINĂ

SPANAC

GHIMBIR

DOVLEAC

39 - Musica

```
L A T N Â C H E M U B L A O
I R Ă U K I U I U T Y L W Q
R M Y D L H K Ô Z J I D D K
I O E R Â R T S I G E R N Î
C N C L C L I S C H M I C Y
I I F P I E A K I L E O O N
M E B X Z I R B A C L P R C
T N E M U R T S N I O E T U
I J B R M P W E E S D R W J
R V O C A L O O S A I Ă B K
N D S V C T L E X L E N Z Y
A R M O N I C L T C F R B V
C Â N T Ă R E Ț A I X V D R
M I C R O F O N A R C R M V
```

ALBUM	MICROFON
ARMONIE	MUZICAL
ARMONIC	MUZICIAN
BALADĂ	OPERĂ
CÂNTĂREȚ	POETIC
CÂNTA	ÎNREGISTRARE
CLASIC	RITMIC
COR	RITM
LIRIC	INSTRUMENT
MELODIE	VOCAL

40 - Barbecue

```
I  Q  V  V  V  E  T  N  I  B  R  E  I  F
O  S  G  H  X  Y  W  G  I  A  Y  I  W  I
H  T  Z  C  P  R  W  B  S  M  D  Ț  X  I
G  H  G  E  A  U  X  Ă  O  E  M  A  O  F
R  P  D  A  Q  Z  I  F  R  U  C  T  W  F
Ă  Ț  C  P  O  O  Q  Z  Z  A  N  I  C  A
T  C  B  Ă  C  U  Ț  I  T  E  V  V  S  M
A  S  I  A  L  I  M  E  N  T  E  N  O  I
R  A  R  Z  I  B  Ț  T  I  D  R  I  S  L
E  L  U  N  U  U  D  Z  H  V  P  K  F  I
P  A  C  Â  U  M  U  F  W  H  A  J  S  E
I  T  O  R  R  P  Y  T  C  M  S  H  B  R
P  E  J  P  P  A  I  Y  K  C  B  Ț  L  A
G  Y  Z  I  O  Z  W  R  I  I  M  X  K  S
```

FIERBINTE	GRĂTAR
CINA	SALATE
ALIMENTE	INVITAȚIE
CEAPĂ	MUZICĂ
CUȚITE	PIPER
VARĂ	PUI
FOAME	ROSII
FAMILIE	PRÂNZ
FRUCT	SARE
JOCURI	SOS

41 - Fisica

```
V B C D E X H Y I I Ţ P M A
A A R U Q O F A I R R G S Z
G C C H I M I C O Ţ I A I M
R I C V I T E Z Ă S N Z T S
A N E E N U I S N A P X E D
V A L Ă L U C E L O M F N E
I C E R A E L C U N O O G N
T E C Ţ S N R E D U T R A S
A M T X R W O A R L A M M I
Ţ O R S E D T T R L L U W T
I L O Y V O O W F E H L J A
E D N K I S M V X F P Ă S T
H I Ă Ţ N E V C E R F Z Ţ E
J K Ă L U C I T R A P B D J
```

ACCELERARE
ATOM
HAOS
CHIMIC
DENSITATE
ELECTRON
EXPANSIUNE
FORMULĂ
FRECVENŢĂ
GAZ

GRAVITAŢIE
MAGNETISM
MECANICA
MOLECULĂ
MOTOR
NUCLEAR
PARTICULĂ
UNIVERSAL
VITEZĂ

42 - Erboristeria

```
C  G  R  M  F  E  N  I  C  U  L  L  G  J
A  Y  V  E  D  R  E  V  C  B  A  E  R  H
L  C  O  N  A  G  E  R  O  P  V  J  Ă  K
I  I  I  T  M  A  G  H  I  R  A  N  D  B
T  M  N  Ă  L  Z  Y  F  U  I  A  U  I  V
A  B  G  D  N  P  D  K  S  Q  C  R  N  O
T  R  R  N  I  X  W  F  U  B  U  T  Ă  C
E  U  E  A  R  C  N  U  B  Q  L  Ă  K  M
R  E  D  V  A  R  O  M  A  T  I  P  Ș  T
A  E  I  A  M  P  H  I  S  V  N  Y  O  N
O  A  E  L  Z  M  R  Y  G  Ţ  A  C  F  L
L  W  N  W  O  L  A  W  J  I  R  E  R  U
F  Y  T  H  R  Y  T  S  A  Q  Z  Y  A  M
U  S  T  U  R  O  I  W  U  J  S  J  N  J
```

USTUROI	LAVANDĂ
MĂRAR	MAGHIRAN
AROMAT	MENTĂ
BUSUIOC	OREGANO
CULINAR	PĂTRUNJEL
TARHON	CALITATE
FENICUL	ROZMARIN
FLOARE	CIMBRU
GRĂDINĂ	VERDE
INGREDIENT	ȘOFRAN

43 - Attività Commerciale

```
B F P P P V C A R I E R Ă T
B U F G S A A Ţ N A N I F R
N Ţ G I S L M N J C Y R M A
D B I E R U R Y G K U Z A N
B I N I T T P E E A D G R Z
I I V M I Ă L R D A J T F A
R V E O F C K A W U W A Ă C
O E S N O I C Z U Y C Y T Ţ
U N T O R R O N H I E E Q I
T I I C P B S Â E K G I R E
G T Ţ E B A T V G W N U Ţ E
S U I H A F C O M P A N I E
Ţ R I O N I Z A G A M V G S
K I I V I A N G A J A T O R
```

BUGET
CARIERĂ
COST
ANGAJATOR
ANGAJAT
ECONOMIE
FABRICĂ
FINANŢA
INVESTIŢII
MARFĂ

MAGAZIN
PROFIT
VENITURI
REDUCERE
COMPANIE
BANI
TRANZACŢIE
BIROU
VALUTĂ
VÂNZARE

44 - Filantropia

```
P  R  O  G  R  A  M  E  C  I  C  Z  Ţ  F
Y  V  A  W  G  L  O  B  A  L  A  J  W  N
E  G  R  U  P  U  R  I  C  O  R  E  I  D
T  U  T  I  E  E  H  C  W  I  I  P  O  C
A  C  P  R  T  M  E  T  C  A  T  N  O  C
T  X  I  Ă  A  Ţ  I  N  E  M  A  O  F  P
I  S  H  C  T  K  F  S  Ţ  Y  T  F  I  U
N  E  V  O  I  E  I  O  I  Ţ  E  L  N  B
U  Z  Y  V  T  S  Z  S  N  U  Q  P  A  L
M  A  B  O  S  I  J  T  T  D  N  A  N  I
O  T  E  R  E  N  I  T  O  O  U  E  Ţ  C
C  C  C  P  N  K  W  P  Q  W  R  R  A  I
F  L  K  F  O  P  S  V  B  T  D  I  I  G
O  B  I  E  C  T  I  V  E  L  E  Z  E  O
```

COPII   GRUPURI
NEVOIE   MISIUNE
CARITATE   OBIECTIVELE
COMUNITATE   ONESTITATE
CONTACTE   OAMENI
FINANŢA   PROGRAME
FONDURI   PUBLIC
TINERET   PROVOCĂRI
GLOBAL   ISTORIE

45 - Ecologia

```
N  S  V  I  U  W  E  M  J  Z  A  F  R  V
A  F  E  Ă  N  I  T  Ș  A  L  M  C  E  E
T  A  G  C  E  M  K  V  D  R  I  V  S  G
U  U  L  S  E  I  P  A  H  P  I  H  U  E
R  N  O  E  U  T  Ă  R  O  L  F  N  R  T
Ă  Ă  B  R  K  O  Ă  I  K  I  V  O  S  A
P  S  A  I  C  M  X  E  Y  S  M  Z  E  Ț
L  U  L  F  B  B  L  T  A  M  I  L  C  I
A  S  P  E  C  I  E  A  X  E  Y  X  C  E
N  F  Q  Z  F  R  Y  T  A  T  I  B  A  H
T  H  L  D  V  X  E  E  Ț  T  C  G  V  J
E  L  H  C  O  M  U  N  I  T  Ă  Ț  I  U
U  S  U  P  R  A  V  I  E  Ț  U  I  R  E
U  E  U  X  S  D  U  R  A  B  I  L  Ă  B
```

CLIMAT	MLAȘTINĂ
COMUNITĂȚI	PLANTE
FAUNĂ	RESURSE
FLORĂ	SECETĂ
GLOBAL	SUPRAVIEȚUIRE
HABITAT	DURABILĂ
MARIN	SPECIE
NATURĂ	VARIETATE
FIRESC	VEGETAȚIE

46 - Discipline Scientifiche

```
E  T  R  P  E  L  Q  W  M  K  A  A  M  B
S  E  Y  S  E  I  G  O  L  O  C  E  I  O
A  R  K  I  I  N  G  Z  Z  F  I  U  N  T
S  M  Q  H  G  G  K  O  T  Q  N  N  E  A
T  O  R  O  O  V  L  S  L  Ţ  A  W  R  N
R  D  B  L  L  I  S  Q  D  O  C  E  A  I
O  I  I  O  O  S  M  G  T  J  E  H  L  C
N  N  O  G  I  T  Q  T  L  H  M  G  O  Ă
O  A  C  I  Z  I  C  H  I  M  I  E  G  O
M  M  H  E  I  C  E  I  G  O  L  O  I  B
I  I  I  K  F  Ă  J  O  R  U  U  G  E  T
E  C  M  A  A  N  A  T  O  M  I  E  U  G
T  Ă  I  S  O  C  I  O  L  O  G  I  E  O
I  V  E  N  E  U  R  O  L  O  G  I  E  T
```

ANATOMIE
ASTRONOMIE
BIOCHIMIE
BIOLOGIE
BOTANICĂ
CHIMIE
ECOLOGIE
FIZIOLOGIE

GEOLOGIE
LINGVISTICĂ
MECANICA
MINERALOGIE
NEUROLOGIE
PSIHOLOGIE
SOCIOLOGIE
TERMODINAMICĂ

47 - Scienza

```
O B S E R V A R E P N I I V
L S W M I N E R A L E Y P K
F N M Y M E T O D Ă R T O R
X O L C L F D A T E S N T L
B Ț S C C A A T O M E E E A
H U V I K P N S Ț U I M Z B
A K Z M L T D Z Q K Ț I Ă O
G R X I B G Ț N A T U R Ă R
N M T H E A E U K J L E C A
E L U C I T R A P F O P I T
O R G A N I S M O D V X Z O
M O L E C U L E E J E E I R
G R A V I T A Ț I E F W F Z
C L I M A T E S Q D P G I Q
```

ATOM
CHIMIC
CLIMAT
DATE
EXPERIMENT
EVOLUȚIE
FAPT
FIZICĂ
FOSIL
GRAVITAȚIE

IPOTEZĂ
LABORATOR
METODĂ
MINERALE
MOLECULE
NATURĂ
ORGANISM
OBSERVARE
PARTICULE

48 - Acqua

```
I  U  M  Z  I  N  Î  Z  U  Q  U  Â  R  E
I  R  H  P  H  F  N  Ă  R  Ţ  M  R  Y  Q
N  E  I  Y  O  W  G  P  A  J  I  R  X  T
U  V  D  G  N  I  H  A  G  E  D  E  M  U
N  A  N  C  A  L  E  D  A  Z  I  Z  M  Ţ
D  P  S  X  E  R  Ț  Ă  N  Z  T  I  L  C
A  O  D  F  C  C  E  Ș  Ţ  I  A  E  J  U
Ţ  R  A  N  O  S  U  M  Y  A  T  H  W  R
I  A  B  C  I  V  J  A  K  C  E  G  L  E
I  R  U  D  R  J  Z  E  D  P  I  H  Ţ  N
L  E  R  X  U  C  A  N  A  L  A  Q  G  T
Q  T  R  R  L  Ș  T  C  F  A  O  J  V  E
V  G  N  Y  A  P  Z  A  D  L  L  O  D  M
P  I  Z  V  V  P  N  D  Z  Ţ  P  K  T  J
```

INUNDAȚII	LAC
CANAL	MUSON
DUȘ	ZĂPADĂ
EVAPORARE	OCEAN
RÂU	VALURI
CURENT	PLOAIE
ÎNGHEȚ	UMIDITATE
GHEIZER	UMEDE
GHEAȚĂ	URAGAN
IRIGARE	ABUR

49 - Gatti

```
B I N D E P E N D E N T H T
L G S Q R E V U B L U N M C
A B A L I C U B C J L L M U
N M O S F I F E O T Z V Y R
Ă S V K E T T N A Z U M A I
R O U U W A D E D I P A R O
A U L W D B Ş U Ă C U J B S
E T A T I L A N O S R E P U
H C R G M Ă O R J M I V S L
G E E I I S R Q A I N V D V
U F X R T A L W K C U N S X
V A E R A V Â N Ă T O R H N
L A V M A O Y V W J F E C J
P U T Y W A Ş V M L H U U I
```

AFECTUOS
GHEARĂ
VÂNĂTOR
COADĂ
CURIOS
AMUZANT
SOMN
FIRE
JUCĂUŞ
INDEPENDENT

NEBUN
BLANĂ
PERSONALITATE
MIC
SĂLBATIC
TIMID
ŞOARECE
RAPID
LABA

50 - Imbarcazioni

```
V  L  O  H  N  X  C  Y  B  E  R  Â  U  E
N  Ă  A  E  A  R  A  N  I  R  A  M  T  C
F  R  T  C  U  Y  T  P  Q  C  G  R  W  H
R  O  B  T  T  C  A  L  C  A  N  O  E  I
Â  C  C  U  I  I  R  U  Q  I  C  T  E  P
N  N  L  E  C  I  G  T  M  A  N  O  R  A
G  A  L  S  A  G  D  Ă  M  C  C  M  A  J
H  U  W  H  J  N  I  V  M  U  B  Y  M  K
I  Z  A  H  U  C  O  M  I  O  U  R  I  V
E  H  V  B  A  C  T  W  T  H  A  I  F  A
J  J  C  Z  W  Z  Y  C  I  M  A  R  E  L
G  E  A  M  A  N  D  U  R  Ă  R  Q  J  U
D  S  K  L  X  P  C  N  A  O  N  H  M  R
C  M  X  A  Y  K  L  H  M  F  J  D  B  I
```

CATARG	MAREE
ANCORĂ	MARINAR
GEAMANDURĂ	MARITIM
CANOE	MOTOR
FRÂNGHIE	NAUTIC
ECHIPAJ	OCEAN
RÂU	VALURI
CAIAC	BAC
LAC	IAHT
MARE	PLUTĂ

51 - Chimica

```
G M A S C Q J K B Y Z V Q X
H A Ţ A C C Ă L D U R Ă O A
I O Z R I A Y K I K A M R L
D V E E M V R L C K E I G C
R Y C T O U D B A G L Z A A
O N Q A T X N R O N C N N L
G R I T A Y O A H N U E I I
E O K U L I C H I D N C C N
N U I E O J Y Q I Y E L Y R
A N O R T C E L E O J O I J
N E A G J T J G Ţ W N R Ţ J
C A T A L I Z A T O R U S U
M O L E C U L Ă A G K G B P
E H M O X I G E N J O S S I
```

ACID
ALCALIN
ATOMIC
CĂLDURĂ
CARBON
CATALIZATOR
CLOR
ELECTRON
ENZIMĂ
GAZ

HIDROGEN
ION
LICHID
MOLECULĂ
NUCLEAR
ORGANIC
OXIGEN
GREUTATE
SARE

52 - Api

```
A  R  I  P  I  F  A  Z  O  Y  C  I  D  M
E  C  O  S  I  S  T  E  M  W  F  N  I  I
R  N  R  W  H  A  B  I  T  A  T  S  V  E
G  R  Ă  D  I  N  Ă  F  O  V  Y  E  E  R
F  R  U  C  T  B  N  E  L  O  P  C  R  E
I  O  S  E  D  K  I  T  O  O  E  T  S  K
H  G  I  T  N  S  G  N  L  B  R  Ă  I  J
P  S  A  N  U  Q  E  A  A  X  A  I  T  F
R  G  P  E  I  P  R  L  M  T  O  E  A  U
C  M  H  M  H  A  N  P  X  V  S  B  T  M
G  G  Q  I  R  H  E  R  D  S  O  R  E  C
Y  C  K  L  W  O  L  I  T  M  H  N  G  B
S  Ă  R  A  E  C  I  F  E  N  E  B  Z  X
T  N  J  D  P  Ţ  R  L  V  F  A  M  O  A
```

ARIPI
STUP
BENEFIC
CEARĂ
ALIMENTE
DIVERSITATE
ECOSISTEM
FLORI
FRUCT
FUM

GRĂDINĂ
HABITAT
INSECTĂ
MIERE
PLANTE
POLEN
REGINĂ
ROI
SOARE

53 - Strumenti Musicali

```
P  X  Ţ  J  Ă  T  E  P  M  O  R  T  Z  O
E  V  J  C  Q  J  I  R  A  A  W  A  C  Ţ
R  F  I  C  V  S  U  L  J  B  O  M  K  I
C  L  O  O  R  Ţ  O  P  P  M  L  B  M  L
U  A  I  R  A  Ă  Ţ  U  C  I  Z  U  M  P
Ţ  U  Z  Ă  P  R  A  H  G  R  Ă  R  E  I
I  T  K  V  N  B  Ă  Ţ  V  A  N  I  K  A
E  E  U  F  T  Ă  G  Q  E  M  I  N  Ă  N
T  N  Z  A  R  B  A  N  J  O  L  Ă  R  C
M  I  I  G  O  O  A  N  O  F  O  X  A  S
R  R  A  O  M  T  V  W  U  G  D  V  T  E
B  A  S  T  B  F  M  J  V  R  N  Ţ  I  B
I  L  F  W  O  O  L  P  P  K  A  Z  H  Z
M  C  I  U  N  F  S  J  M  G  M  E  C  M
```

MUZICUŢĂ
HARPĂ
BANJO
CHITARĂ
CLARINET
FAGOT
FLAUT
GONG
MANDOLINĂ
MARIMBA

OBOI
PERCUŢIE
PIAN
SAXOFON
TAMBURINĂ
TOBĂ
TROMPETĂ
TROMBON
VIOARĂ

54 - Professioni #2

```
B C I D E M S D M I C P G F
I U T N K P W Ţ W N H R R O
B T S I V G N I L G I O Ă T
L Z I U V E R P J I R F D O
I O L Z E S N T L N U E I G
O O A U A S K T E E R S N R
T L N Ţ P T J S A R G O A A
E O R V P G H I F T F R R F
C G U M H G B T W T O L I P
A H J G R Y F N T M Z R D F
R O T C I P Q E F X O N V L
L C W J C J L D G O L O I B
C E R C E T Ă T O R I V U F
A S T R O N A U T F F T R Z
```

ASTRONAUT
BIBLIOTECAR
BIOLOG
CHIRURG
DENTIST
FILOZOF
FOTOGRAF
GRĂDINAR
JURNALIST

INGINER
PROFESOR
INVENTATOR
LINGVIST
MEDIC
PILOT
PICTOR
CERCETĂTOR
ZOOLOG

55 - Letteratura

```
T  E  I  Ț  A  R  A  P  M  O  C  U  O  Ț
T  B  V  Y  G  O  L  A  I  D  J  X  P  T
P  Q  W  S  E  M  H  Ă  E  G  U  J  I  N
I  K  B  M  D  A  A  T  Z  A  H  L  N  U
R  I  T  M  A  N  P  O  E  M  U  I  I  L
R  Y  F  G  N  R  L  D  C  H  Q  T  E  B
A  I  U  E  A  S  O  C  V  N  I  S  O  S
N  O  M  N  L  C  A  E  M  B  W  U  P  R
A  P  B  Ă  I  C  O  N  C  L  U  Z  I  E
L  O  W  S  Z  E  Y  A  E  I  T  Ă  X  N
O  E  S  U  Ă  R  O  F  A  T  E  M  M  L
G  T  Ț  D  E  S  C  R  I  E  R  E  V  W
I  I  B  I  O  G  R  A  F  I  E  T  P  F
E  C  T  R  A  G  E  D  I  E  A  A  Z  Q
```

ANALIZĂ	METAFORĂ
ANALOGIE	OPINIE
ANECDOTĂ	POEM
AUTOR	POETIC
BIOGRAFIE	RIMĂ
CONCLUZIE	RITM
COMPARAȚIE	ROMAN
DESCRIERE	STIL
DIALOG	TEMĂ
GEN	TRAGEDIE

56 - Cibo #2

```
W W O X C O J U J E O A B S
S U Ă Ș A E R I C G J P R T
Ș U N C Ă Ă Ă E Ă N S K O R
I E Q H I C M I Z M W I C U
D Z Y G B R W Ș N T S J C G
Q J N H Q E V O Â R Ţ Q O U
P Y O X F P Z R R C T J L R
V C E D J U C R B Q H R I I
P U O Ă N I L E Ţ M G S U N
P Â Y T A C W I A U R T P G
E R I Ă X E I I V A J Q V W
Ş G Ă N A N A B K V O Z C I
T P O Â E U Q D G S W M U W
E G A V C I O C O L A T Ă B
```

BANANĂ
BROCCOLI
CIREAȘĂ
CIOCOLATĂ
BRÂNZĂ
CIUPERCĂ
GRÂU
KIWI
MĂR
VÂNĂTĂ

PÂINE
PEȘTE
PUI
ROȘIE
ȘUNCĂ
OREZ
ȚELINĂ
OU
STRUGURI
IAURT

57 - Nutrizione

```
G C L E P F N S X W E I J C
L A I C R E U O O K U P Y M
U L C H O R T S Z T M S Ţ A
C O H I T M R G B R Ă T I N
I R I L E E I J W F Y N S D
D I D I I N E T A T Ă N Ă S
E I E B N T N C Ţ R N G N S
A O C R E A T B U Ţ W Z I F
W P R A U Ţ W X G H Ţ B X A
C I E T L I B I T S E M O C
Q Q E T N E M I D N O C T D
D M D E I T S E G I D Z O D
G R U Q Ă T E I D A M A R R
G R E U T A T E B U M O S B
```

AMAR
APETIT
ECHILIBRAT
CALORII
GLUCIDE
COMESTIBIL
DIETĂ
DIGESTIE
FERMENTAŢIE

LICHIDE
NUTRIENT
GREUTATE
PROTEINE
SOS
SĂNĂTATE
SĂNĂTOS
CONDIMENTE
TOXINĂ

58 - Matematica

```
S  D  D  C  I  E  T  N  E  N  O  P  X  E
F  I  R  R  T  H  I  O  M  O  Z  A  V  E
R  Z  M  E  E  V  H  I  I  G  N  R  O  M
A  E  O  E  P  B  G  Y  L  I  T  A  L  E
C  C  P  Ţ  T  T  N  G  A  L  U  L  U  C
Ţ  I  Ă  Z  A  R  U  M  L  O  R  E  M  U
I  M  F  X  R  F  I  N  M  P  T  L  P  A
U  A  C  Q  T  U  R  E  G  K  E  O  A  Ţ
N  L  N  T  Ă  V  T  B  O  H  M  G  R  I
E  I  Ţ  P  P  S  U  M  Ă  Y  I  R  A  E
G  E  O  M  E  T  R  I  E  H  R  A  L  G
A  R  I  T  M  E  T  I  C  Ă  E  M  E  K
D  I  A  M  E  T  R  U  X  Q  P  U  L  M
Z  G  Z  R  U  N  G  H  I  U  R  I  H  P
```

UNGHIURI
ARITMETICĂ
ZECIMAL
DIAMETRU
ECUAŢIE
EXPONENT
FRACŢIUNE
GEOMETRIE
PARALEL
PARALELOGRAM

PERIMETRU
POLIGON
PĂTRAT
RAZĂ
DREPTUNGHI
SIMETRIE
SUMĂ
TRIUNGHI
VOLUM

59 - Meditazione

```
A P E R S P E C T I V Ă M N
C C O I I Ț O M E N E G E P
T L C T Y N I U P E M M N E
Ă Ț A E E F H Z P E B L T U
C I H R P S B I E K U M A E
E X V T I T D C F M N I L C
R Q I N J T A Ă B I Ă N N A
E Ț R W L U A R G Ș T T A P
P O S T U R Ă T E C A E T V
G Â N D U R I H E A T G U Y
O B S E R V A R E R E C R I
M I J N V E I Ț N E T A Ă M
R E S P I R A Ț I E V X Y O
R E C U N O Ș T I N Ț Ă I G
```

ACCEPTARE
ATENȚIE
CALM
CLARITATE
EMOȚII
BUNĂTATE
RECUNOȘTINȚĂ
MENTAL
MINTE
MIȘCARE

MUZICĂ
NATURĂ
OBSERVARE
PACE
GÂNDURI
POSTURĂ
PERSPECTIVĂ
RESPIRAȚIE
TĂCERE

60 - Elettricità

```
T  T  Z  I  T  M  V  U  C  Q  U  E  A  T
O  Z  E  B  K  W  I  P  A  S  U  L  T  J
B  E  C  L  I  Y  T  N  N  I  T  E  J  P
H  M  E  U  E  Z  I  E  T  O  M  C  A  I
F  E  B  L  X  F  Z  E  I  R  E  T  A  B
J  I  R  B  N  C  O  Q  T  E  E  R  M  Q
E  J  D  A  F  E  P  N  A  Ă  Z  I  R  P
E  L  E  C  T  R  I  C  T  Y  Z  C  S  P
L  A  M  P  Ă  I  U  W  E  W  Z  I  V  V
L  A  S  E  R  F  Z  V  Y  G  R  A  V  U
N  E  G  A  T  I  V  O  K  Ţ  O  N  Ţ  F
O  B  I  E  C  T  E  O  P  R  E  Ţ  E  A
G  E  N  E  R  A  T  O  R  E  U  H  X  G
M  A  G  N  E  T  Q  Ţ  P  G  D  L  Z  X
```

BATERIE
CABLU
DEPOZITARE
ELECTRICIAN
ELECTRIC
FIRE
GENERATOR
LAMPĂ
BEC

LASER
MAGNET
NEGATIV
OBIECTE
POZITIV
PRIZĂ
CANTITATE
REŢEA
TELEFON

61 - Antiquariato

```
C Z U G I N V E S T I Ț I I
O C C A T A U T E N T I C D
N J M L I V A L O A R E W E
D Ț O E U Q Q I P A I E P C
I S B R N S T I L R F N H O
Ț C I I Ș A M I O C E R E R
I U L E I R S N C A I Ț L A
E L I M B T I E E L Ț W E T
Y P E J O Ă H C S I A I G I
G T R F E N C E O T T O A V
U U M X N A E D F A I K N X
G R Q O X H V D A T C S T O
P Ă A Ț R X Q X E E I Y Ț D
R E S T A U R A R E L I X K
```

ARTĂ
LICITAȚIE
AUTENTIC
CONDIȚIE
DECENII
DECORATIV
ELEGANT
GALERIE
NEOBIȘNUIT
INVESTIȚII

MOBILIER
MONEDE
PREȚ
CALITATE
RESTAURARE
SCULPTURĂ
SECOL
STIL
VALOARE
VECHI

62 - Escursionismo

```
P E R I C O L E S J B B P O
O Q T K P M Y B O O W W Q R
A L A Ă T R A H R B A E K I
E H M W F Z E S O N J R Ţ E
A N I M A L E G T G C Y E N
S Ă L B A T I C Ă Â T C E T
X P C U O I R Q E T N U M A
P A M G W S U E R G I C E R
C I Z M E O D U D X O R Ă E
G L Ţ Ţ P B I W F Z B W E O
W L R G S O H P I E T R E A
O X K Q X P G P A R C U R I
V Y F K B N A T U R Ă Ţ Y H
C A M P I N G S U M M I T M
```

APĂ   PERICOLE
ANIMALE   GREU
CAMPING   PIETRE
CLIMAT   PREGĂTIREA
GHIDURI   STÂNCĂ
HARTĂ   SĂLBATIC
MUNTE   SOARE
NATURĂ   OBOSIT
ORIENTARE   CIZME
PARCURI   SUMMIT

63 - Professioni #1

```
A  R  I  O  M  D  E  Ș  T  I  I  N  Ț  Ă
S  M  S  N  N  A  I  C  I  Z  U  M  S  L
T  K  V  Z  S  C  M  A  V  O  C  A  T  S
R  H  X  J  O  T  R  B  A  R  T  I  S  T
O  R  E  H  C  N  A  B  A  T  R  V  F  D
N  O  F  U  U  V  Q  L  W  S  M  E  A  R
O  T  A  G  R  C  C  O  A  C  A  P  R  A
M  I  R  O  E  R  Z  L  J  T  A  D  G  N
R  D  M  L  I  O  L  B  W  S  O  S  O  I
Ț  E  A  O  T  T  L  J  D  I  C  R  T  R
B  V  C  H  U  Ă  V  O  C  N  S  E  R  A
W  Z  I  I  J  N  U  A  G  A  J  M  A  M
N  J  S  S  I  Â  M  R  Ț  I  I  V  C  W
E  C  T  P  B  V  I  A  J  P  A  D  X  V
```

AMBASADOR	GEOLOG
ARTIST	BIJUTIER
ASTRONOM	INSTALATOR
AVOCAT	MARINAR
BANCHER	MUZICIAN
VÂNĂTOR	PIANIST
CARTOGRAF	PSIHOLOG
EDITOR	OM DE ȘTIINȚĂ
FARMACIST	

64 - Antartide

```
G T Z B G O L F I N O R I T
A H Ț H C I F I Ț N I I T Ș
T N E N I T N O C Ț S F G A
C M R Ț G H E A Ț Ă C U I P
B E I F A R G O E G O E L Ă
A S R W R S P N O N X P E
L T D C W U I D E M S P E M
E Â J X E P M S O L E E N I
N N D Ț H T I Ț H Q R D I N
E C Y M Ț A Ă R C G V I N E
Y O Y D T P Z T T N A Ț S R
Y S M T O V O W O R R I U A
M I G R A Ț I E Ț R E E L L
T E M P E R A T U R A J Ă E
```

APĂ
MEDIU
GOLF
BALENE
CONSERVARE
CONTINENT
GEOGRAFIE
GHEȚARI
GHEAȚĂ
INSULE

MIGRAȚIE
MINERALE
NORI
PENINSULĂ
CERCETĂTOR
STÂNCOS
ȘTIINȚIFIC
EXPEDIȚIE
TEMPERATURA

65 - Libri

```
Ț  P  O  E  Z  I  E  E  I  T  S  E  O  C
Y  A  H  Z  D  K  A  C  P  P  Ț  I  N  O
P  R  W  Z  P  R  O  K  P  I  J  Ț  P  N
K  H  W  O  A  K  M  P  A  X  C  C  W  T
N  A  R  A  T  O  R  K  G  F  C  E  V  E
P  S  C  M  R  B  T  W  I  F  F  L  P  X
O  L  I  T  E  R  A  R  N  A  M  O  R  T
V  H  G  R  S  Ț  Q  S  Ă  N  G  C  S  C
E  O  A  E  C  R  E  L  E  V  A  N  T  I
S  W  R  N  Q  S  M  H  V  I  U  W  H  T
T  E  T  A  T  I  L  A  U  D  R  H  S  I
E  A  V  E  N  T  U  R  Ă  K  U  E  O  T
G  H  I  N  V  E  N  T  I  V  D  Ț  S  O
I  S  T  O  R  I  C  A  U  T  O  R  Z  R
```

AUTOR	PAGINĂ
AVENTURĂ	POEZIE
COLECȚIE	RELEVANT
CONTEXT	ROMAN
DUALITATE	SCRIS
EPIC	SERIE
INVENTIV	POVESTE
LITERAR	ISTORIC
CITITOR	TRAGIC
NARATOR	

66 - Geografia

```
A S L I E L Q H Ș Ț Q Ț T L
N D H A N S V V A F U J E O
Ț Q K V T S B Q R R M G R N
I Ț J E F I U X O N T P I G
S M B S M T T L F O P Ă T I
G B M T O X T U Ă R Z R O T
M E R I D I A N D D G A R U
R E G I U N E U R I P Ț I D
C O N T I N E N T N N M U I
S F Ț D Ă R E F S I M E M N
U F G T P Y M A T L A S A E
D S T G P T U Â R A Q J R Ț
Q M U N T E L T W I V M E Z
A L T I T U D I N E G Ț Y S
```

ALTITUDINE	MARE
ATLAS	MERIDIAN
ORAȘ	LUME
CONTINENT	MUNTE
EMISFERĂ	NORD
RÂU	VEST
INSULĂ	ȚARĂ
LATITUDINE	REGIUNE
LONGITUDINE	SUD
HARTĂ	TERITORIU

67 - Cibo #1

```
Y  S  G  Q  P  F  H  I  F  B  M  R  X  S
M  E  N  T  Ă  P  A  E  C  U  O  O  D  C
U  T  O  A  K  K  D  B  X  S  R  Z  C  O
I  P  Ţ  R  T  L  D  L  R  U  C  I  Y  R
N  A  P  C  U  S  B  S  M  I  O  U  M  Ţ
R  L  E  D  Ă  U  F  S  A  O  V  F  Z  I
Q  R  I  I  R  P  B  F  P  C  Z  Z  E  Ș
V  Ă  Â  T  A  K  Ș  E  R  A  S  I  U  O
S  H  M  M  P  T  Ţ  U  L  E  N  B  C  A
A  A  Ă  B  Z  H  Q  G  N  O  O  A  B  R
J  Z  L  A  M  C  F  R  U  Ă  T  K  C  Ă
P  D  Q  A  Z  K  E  W  X  Z  R  O  X  G
H  E  V  S  T  U  S  T  U  R  O  I  Ţ  E
C  A  R  N  E  Ă  C  Q  F  C  T  E  N  Z
```

USTUROI	MENTĂ
BUSUIOC	ORZ
SCORȚIȘOARĂ	PARĂ
CARNE	NAP
MORCOV	SARE
CEAPĂ	SPANAC
CĂPȘUNĂ	SUC
SALATĂ	TON
LAPTE	TORT
LĂMÂIE	ZAHĂR

68 - Etica

```
C  S  H  F  M  Q  T  R  V  C  N  O  I  N
T  O  N  P  X  X  T  Ă  A  O  D  N  N  R
B  U  M  H  E  J  M  B  L  O  E  E  T  A
U  T  S  P  T  G  S  D  O  P  M  S  E  Ț
N  C  I  R  A  R  I  A  R  E  N  T  G  I
Ă  E  L  J  T  S  M  R  I  R  I  I  R  O
T  P  A  O  I  O  I  E  K  A  T  T  I  N
A  S  E  M  N  X  T  U  P  R  A  A  T  A
T  E  R  Q  A  M  P  Y  N  E  T  T  A  L
E  R  Z  P  M  Q  O  Y  O  E  E  E  T  I
X  M  S  I  U  R  T  L  A  J  X  L  E  T
G  Y  F  I  L  O  Z  O  F  I  E  P  V  A
I  N  D  I  V  I  D  U  A  L  I  S  M  T
Î  N  Ț  E  L  E  P  C  I  U  N  E  B  E
```

ALTRUISM	OPTIMISM
COMPASIUNE	RĂBDARE
COOPERARE	RAȚIONALITATE
DEMNITATE	REALISM
FILOZOFIE	RESPECTUOS
BUNĂTATE	ÎNȚELEPCIUNE
INDIVIDUALISM	UMANITATE
INTEGRITATE	VALORI
ONESTITATE	

69 - Aeroplani

```
N  H  Z  E  I  Ț  C  U  R  T  S  N  O  C
H  Î  N  Ă  L  Ţ  I  M  E  Z  M  X  P  O
C  I  O  T  M  X  M  H  D  N  O  L  A  B
E  J  D  S  D  P  M  O  T  O  R  V  E  O
N  L  N  R  P  I  O  Q  M  Z  D  R  R  R
T  A  E  E  O  Ă  R  U  T  N  E  V  A  Â
V  Ţ  V  A  D  G  M  E  V  G  I  O  Z  R
J  A  P  I  H  C  E  S  C  O  X  Q  I  E
Y  J  I  V  G  S  E  N  B  Ţ  R  O  R  I
P  I  L  O  T  A  T  Q  U  W  I  J  E  R
C  O  M  B  U  S  T  I  B  I  L  E  T  O
A  L  T  I  T  U  D  I  N  E  I  H  A  T
W  A  P  A  S  A  G  E  R  C  E  R  Y  S
A  T  M  O  S  F  E  R  Ă  F  D  Ţ  T  I
```

ÎNĂLŢIME	COBORÂRE
ALTITUDINE	ECHIPAJ
AER	HIDROGEN
ATMOSFERĂ	MOTOR
ATERIZARE	NAVIGA
AVENTURĂ	BALON
COMBUSTIBIL	PASAGER
CER	PILOT
CONSTRUCŢIE	ISTORIE
DIRECŢIE	

70 - Governo

```
S Ă C I T I L O P S F H W G
L A N O I Ţ A N X V T R I A
Ţ E E I N E Ţ Ă T E C A I E
M J G X J S S I M B O L T S
M M E C Y H T N E M U N O M
O C L I Q E R I B R O V J D
D I S C U Ţ I E T J H Z P R
L I B E R T A T E U F W C E
J U R I D I C D Y F Ţ Z P P
L I D E R B V U L I V I C T
I N D E P E N D E N Ţ Ă E A
D E M O C R A Ţ I E G X K T
R H U F G N A Ţ I U N E D E
D I S T R I C T N O U Ţ W U
```

LIDER
CETĂŢENIE
CIVIL
CONSTITUŢIE
DEMOCRAŢIE
VORBIRE
DISCUŢIE
JURIDIC
DREPTATE
INDEPENDENŢĂ

LEGE
LIBERTATE
MONUMENT
NAŢIONAL
NAŢIUNE
POLITICĂ
DISTRICT
SIMBOL
STAT

71 - Bellezza

```
C U L O A R E C E F R A O F
O G L I N D Ă F U B U C F P
E L E G A N Ţ Ă M U C O O A
F I P D T E Z C P C N S T R
P R O D U S E V P L Ţ M O F
S U E L E G A N T E V E G U
E I S D A G A R R L N T E M
R E T X L Y D W U O J I N H
V L I J T F U C N J G C I F
I U L H U A J S J R R E C N
C A I G H R N O P M A Ș E L
I A S G Z M V R G F Ţ C Y Q
I N T T L E M I R U I W I B
P I E L E C V M M Z E E Z M
```

CULOARE   ULEIURI
COSMETICE   PIELE
ELEGANT   PRODUSE
ELEGANŢĂ   MIROS
FARMEC   BUCLE
FOARFECE   RUJ
FOTOGENIC   SERVICII
PARFUM   ȘAMPON
GRAŢIE   OGLINDĂ
RIMEL   STILIST

72 - Avventura

```
D P Z P E S N A V I G A R E
N E U R N F I N E T E I R P
Z R K O T Q R G N E L F I J
M I N V U I Z U U O N H G V
D C A O Z E T J M R H Q C U
E U T C I T P I U U A I H T
S L U Ă A F Z E N F S N K X
T O R R S M P F S E J E Ț A
I S Ă I M H N X V M R R Ț Ă
N P R E G Ă T I R E A A F E
A Q T C U R A J H S I Q R J
Ț E X C U R S I E F Ț G D D
I O P O R T U N I T A T E Y
E I R U C U B S I K Q K Y G
```

PRIETENI
FRUMUSEȚE
CURAJ
DESTINAȚIE
ENTUZIASM
EXCURSIE
BUCURIE
ITINERAR

NATURĂ
NAVIGARE
NOU
OPORTUNITATE
PERICULOS
PREGĂTIREA
PROVOCĂRI
SIGURANȚĂ

73 - Forme

```
W  J  R  L  N  T  W  B  K  Ț  M  C  W  T
U  X  L  Q  Z  Ț  H  N  B  B  A  E  J  I
T  S  F  E  L  C  A  N  O  R  R  R  G  H
O  V  A  L  N  E  U  L  F  G  G  C  M  G
Ă  M  S  I  R  P  A  B  Q  Q  I  Ă  B  N
S  B  U  C  O  L  Ț  A  R  C  N  L  V  U
P  A  R  T  E  A  A  P  D  Ț  I  O  O  T
I  M  D  U  C  O  N  Ă  V  O  P  B  L  P
L  N  N  K  C  Q  F  T  S  Q  D  R  I  E
E  U  I  Ț  K  I  Ă  R  E  F  S  E  N  R
S  Q  L  Ă  D  I  M  A  R  I  P  P  I  D
G  J  I  J  B  Ț  H  T  T  G  Q  I  A  X
K  I  C  T  R  I  U  N  G  H  I  H  D  L
S  B  B  D  C  A  X  W  D  U  L  F  F  E
```

COLȚ	PARTE
ARC	LINIA
MARGINI	OVAL
CERC	PIRAMIDĂ
CILINDRU	POLIGON
CON	PRISMĂ
CUB	PĂTRAT
CURBĂ	DREPTUNGHI
ELIPSĂ	SFERĂ
HIPERBOLĂ	TRIUNGHI

74 - Oceano

```
V A I F V P H N R K Y U M A
Z L S U N U Ţ W B E R K W T
E G M R E Ă B E A Z C R M V
V E L T W L M W R U K H T B
L B Ă U T I A W C D W O I D
U A N N M H R H Ă E T K Ţ N
F P E Ă L G E U X M Ă J S P
D E L F I N E W L Ţ T Q T E
L T A O K A B F P A E L R Ş
A E B R E C I F C X V L I T
M R C O R A L X R M E G D E
N U Q W A T O N A S R Z I H
V B U R S P G N B D C G E R
M G I C A R A C A T I Ţ Ă H
```

ALGE	VALURI
ANGHILĂ	STRIDIE
BALENĂ	PEŞTE
BARCĂ	CARACATIŢĂ
CORAL	SARE
DELFIN	RECIF
CREVETĂ	BURETE
CRAB	RECHIN
MAREE	FURTUNĂ
MEDUZE	TON

75 - Famiglia

```
M  M  F  M  Ă  T  U  Ş  Ă  T  S  O  R  A
A  Y  A  R  X  X  Q  Ţ  N  A  H  T  Ţ  H
T  J  A  M  A  C  I  I  F  T  J  V  U  Ţ
E  C  Z  L  Ă  T  Ţ  V  H  Ă  B  S  Y  S
R  N  O  L  Y  L  E  Ă  T  A  O  P  E  N
N  E  I  P  J  S  Q  R  U  N  C  H  I  B
A  P  P  U  I  S  T  R  Ă  M  O  Ș  B  G
I  O  R  A  I  L  U  Ț  O  S  X  B  U  S
B  T  R  S  C  R  Ă  N  P  C  Q  W  N  K
U  N  S  A  G  K  M  R  N  C  Z  F  I  O
N  G  Y  K  A  P  X  E  I  Ț  O  S  C  C
I  X  N  L  X  A  W  T  W  E  D  A  O  U
C  N  C  L  S  A  G  A  S  M  C  U  Ţ  T
A  W  R  T  T  C  O  P  I  L  V  J  L  C
```

STRĂMOȘ	NEPOT
COPIL	NEPOATĂ
VĂR	BUNICA
FIICA	BUNIC
FRATE	TATĂ
COPILĂRIE	PATERN
MAMĂ	SORA
SOȚUL	MĂTUȘĂ
MATERN	UNCHI
SOȚIE	

76 - Creatività

```
Î  I  D  E  I  I  Ţ  O  M  E  W  A  I  S
I  N  A  T  N  O  P  S  C  C  L  O  N  E
M  A  D  I  M  P  R  E  S  I  E  T  T  N
A  R  Ţ  E  T  A  T  I  R  A  L  C  U  Z
G  T  K  T  M  I  M  A  G  I  N  E  I  A
I  I  H  A  D  Â  F  W  X  X  K  O  Ţ  Ţ
N  S  K  T  J  M  N  T  J  P  Z  Z  I  I
A  T  F  I  N  Ţ  E  A  V  Z  Ţ  F  E  E
Ţ  I  W  D  D  J  S  R  R  A  I  R  G  Q
I  C  E  I  S  E  R  P  X  E  D  L  X  D
E  Q  H  U  M  F  D  R  A  M  A  T  I  C
S  M  R  L  W  D  V  I  Z  I  U  N  I  Z
N  N  Q  F  I  N  V  E  N  T  I  V  M  M
I  N  S  P  I  R  A  Ţ  I  E  B  X  T  O
```

ÎNDEMÂNARE
ARTISTIC
CLARITATE
DRAMATIC
EMOŢII
EXPRESIE
FLUIDITATE
IDEI
IMAGINAŢIE

IMAGINE
IMPRESIE
INTUIŢIE
INVENTIV
INSPIRAŢIE
SENZAŢIE
SPONTAN
VIZIUNI

77 - Veicoli

```
E W H N M X T R A C T O R I
A X T D O Q M I K M A T Z J
M Y N A T T E Z V Ă U A Ţ F
U V Ţ V O N T X I W T A M R
F Ă U U R G R X O S O U D E
U N O I V A O A W K B C L T
N I R A M B U S G Q U I S P
Y Ş A N V E L O P E Z T M O
R A C H E T Ă N A V A R A C
E M B P Ţ U L C T L E P T I
T L R H P T D Ţ R A H R R L
U C A M I O N Q P A X J E E
C A M B U L A N Ţ Ă B I N M
S B F L B I C I C L E T Ă Ţ
```

AVION
AMBULANȚĂ
MAȘINĂ
AUTOBUZ
BARCĂ
BICICLETĂ
CAMION
CARAVANĂ
ELICOPTER
METROU

MOTOR
ANVELOPE
RACHETĂ
SCUTER
SUBMARIN
TAXI
BAC
TRACTOR
TREN
PLUTĂ

78 - Emozioni

```
L Y Z D R A G O S T E P F C
Y E T A T I L I B I S N E S
V X X B Q Ă Z I R P R U S A
B U N Ă T A T E N Z A R X T
A E R I C I R E F I H Z T I
X I C O N Ț I N U T Ș Q A S
J R T R I S T E Ț E Ț T N F
F U R I E P W E T A E A E Ă
G C L Q U W Ț K A Ț W X J C
X U K N K E L O T R F A H U
W B S I M P A T I E R L P T
K U T R Y L F M C U I E A C
W U N S A L A Y X I C R C H
E Q Ț T S H P C E K Ă R E Y
```

DRAGOSTE
FERICIRE
CALM
CONȚINUT
EXCITAT
BUNĂTATE
BUCURIE
JENAT
PACE

FRICĂ
FURIE
RELAXAT
SIMPATIE
SATISFĂCUT
SURPRIZĂ
SENSIBILITATE
LINIȘTE
TRISTEȚE

79 - Natura

```
S  U  Ț  F  F  M  G  D  A  H  E  Z  W  S
T  T  U  D  S  D  H  E  C  L  S  W  R  E
A  H  Â  E  A  A  E  Ș  I  A  B  C  Y  N
D  D  R  N  O  O  Ț  E  M  T  M  I  X  I
Ă  P  C  U  C  Q  A  R  A  I  N  T  N  N
P  X  P  I  I  R  T  N  V  K  C  M  E
O  G  Z  Z  T  L  A  C  I  P  O  R  T  Z
S  L  N  O  A  P  U  A  D  X  T  A  L  N
T  X  O  R  B  D  T  G  N  A  Y  F  X  U
F  X  R  E  L  T  C  X  I  I  N  E  J  R
Y  N  I  U  Ă  Q  N  Q  X  P  M  R  E  F
H  O  M  T  S  H  A  R  T  A  K  A  U  C
A  M  J  E  Ț  E  S  U  M  U  R  F  L  U
P  Ă  D  U  R  E  C  J  C  E  A  Ț  Ă  E
```

ANIMALE	GHEȚAR
ALBINE	CEAȚĂ
ARCTIC	NORI
FRUMUSEȚE	ADĂPOST
DEȘERT	SANCTUAR
DINAMIC	STÂNCI
EROZIUNE	SĂLBATIC
RÂU	SENIN
FRUNZE	TROPICAL
PĂDURE	VITAL

80 - Balletto

```
C B R D E Z U A L P A T Î O
O J B E A I H C Ș U M E N R
R M A T P N G K J B Z H D C
E L L A E E S Ț M L Z N E H
G W E T X R T A M I N I M E
R D R I P O S I T C L C Â S
A Ă I S R T E Q Ț O F Ă N T
F C N N E I G M T I R L A R
I I Ă E S Z T W H Ț E I R Ă
E T T I O X Y E E R T E P
T C U N V P R U E F P S D M
H A Ț I M M W M U Z I C Ă J
G R A Ț I O S K T Z V D K B
I P D N L C I T S I T R A A
```

ÎNDEMÂNARE
APLAUZE
ARTISTIC
BALERINĂ
DANSATORI
COMPOZITOR
COREGRAFIE
EXPRESIV
GEST
GRAȚIOS

INTENSITATE
MUȘCHI
MUZICĂ
ORCHESTRĂ
PRACTICĂ
REPETIȚIE
PUBLIC
RITM
STIL
TEHNICĂ

81 - Paesi #1

```
V V A A M A N A P K K Ţ B T
S E I Q K E E O X I Y D S K
B P N T N I W H R L G N Ţ Q
R T A E K K Ţ Q X V V P G X
A L M N Z J M A N T E I V F
Z L R L I U I N D I A G X A
I P E W A A E I O R J S I K
L D G N V X P L R O P E C A
I J C A N A D A A M O N J R
A M A R O C O M I Â L E W I
E G I P T Z A C B N O G A N
I S R A E L M W I I N A Q O
F I N L A N D A L A I L I Z
C A M B O D G I A N A O L J
```

BRAZILIA
CAMBODGIA
CANADA
EGIPT
FINLANDA
GERMANIA
INDIA
IRAK
ISRAEL
LIBIA

MALI
MAROC
NORVEGIA
PANAMA
POLONIA
ROMÂNIA
SENEGAL
SPANIA
VENEZUELA
VIETNAM

82 - Geometria

```
L C D V F M G U P L O O K D
O F U E U E I R T E M I S I
G R G R Q D Î L S L F P S M
I C V T R I N J U A C R E E
C R X I S A Ă J P R H O G N
Ă D Ţ C M N L T R A R P M S
C D C A K Ă Ţ E A P R O E I
R A I L R V I O F G U R N U
E U L A Ă E M R A L D Ţ T N
C N M C M S E I Ţ E I I Ţ E
W G W Y U E R E Ă X B E Q N
H H V W N L T E C U A Ţ I E
T I K Ţ K Ă B R U C D I Z F
N G J A I H G N U I R T V O
```

ÎNĂLŢIME

UNGHI

CALCUL

CERC

CURBĂ

DIAMETRU

DIMENSIUNE

ECUAŢIE

LOGICĂ

MEDIANĂ

NUMĂR

PARALEL

PROPORŢIE

SEGMENT

SIMETRIE

SUPRAFAŢĂ

TEORIE

TRIUNGHI

VERTICAL

83 - Foresta Pluviale

```
A X N X T A M I L C K U S B
D M T A S V W U T U I D U J
M V F R T H Ț P Ș Ț L V P W
A A R I Z U X H Z C X D R W
M L E A B H R E D V H M A R
I O S W S I X Ă O M I I V E
F R P E T C E S N I N R I S
E O E I Ă L G N U J D E E T
R S C C N O R I I V I F Ț A
E B T E P Ă S Ă R I G U U U
M V F P I X K V K D E G I R
B W U S O H E F Y Z N I R A
C O M U N I T A T E E U E R
D I V E R S I T A T E N A E
```

AMFIBIENI
CLIMAT
COMUNITATE
DIVERSITATE
JUNGLĂ
INDIGENE
INSECTE
MAMIFERE
MUȘCHI

NATURĂ
NORI
VALOROS
RESTAURARE
REFUGIU
RESPECT
SUPRAVIEȚUIRE
SPECIE
PĂSĂRI

84 - Edifici

```
G B M C M L D T C K C C P P
L A M B A S A D Ă Ă A T I Y
A H O T E L W N S C S V R L
T E A T R U H U H I T R A B
I F P E R O T A V R E S B O
P C A B I N Ă D L B L C M R
S H J R K T P I H A I O A O
P E N S I U N E C F B R H T
Z W R F N E B V N I Q T A A
C F U H R Z Q O E D N F O R
Q E T Ţ O U P P X K E E C O
T E K R A M R E P U S J M B
S T A D I O N Ş C O A L Ă A
A P A R T A M E N T Y S R L
```

AMBASADĂ
APARTAMENT
CABINĂ
CASTEL
CINEMA
FABRICĂ
HAMBAR
HOTEL
LABORATOR
MUZEU

SPITAL
OBSERVATOR
PENSIUNE
ŞCOALĂ
STADION
SUPERMARKET
TEATRU
CORT
TURN

85 - Paesi #2

```
I  M  E  X  I  C  G  K  E  S  F  A  A  E
H  R  J  I  Y  D  R  M  T  V  I  C  H  E
A  U  L  O  Z  S  E  A  I  S  U  R  A  O
I  G  J  A  C  N  C  I  O  Y  I  A  I  Z
T  A  S  C  N  R  I  R  P  A  N  M  N  A
I  N  U  I  Z  D  A  E  I  Q  D  E  O  N
K  D  D  A  U  X  A  B  A  L  O  N  P  I
N  A  A  M  U  H  N  I  A  A  N  A  A  A
A  I  N  A  B  L  A  L  T  O  E  D  J  R
V  E  G  J  H  N  D  U  G  S  Z  Q  G  C
Y  J  K  E  N  S  R  I  S  V  I  G  Y  U
Z  P  S  F  R  N  M  B  Z  T  A  A  U  Y
H  N  U  S  Z  I  P  A  K  I  S  T  A  N
M  T  B  Q  K  R  A  N  E  P  A  L  J  D
```

ALBANIA	LIBERIA
DANEMARCA	MEXIC
ETIOPIA	NEPAL
JAMAICA	NIGERIA
JAPONIA	PAKISTAN
GRECIA	RUSIA
HAITI	SIRIA
INDONEZIA	SUDAN
IRLANDA	UCRAINA
LAOS	UGANDA

86 - Tipi di Capelli

```
S  Ț  F  A  V  W  X  F  N  O  V  U  M  M
Ă  E  R  I  Ț  B  U  S  O  R  G  S  A  T
N  X  N  E  G  R  U  C  L  B  Ț  C  R  Z
Ă  H  B  L  A  Q  G  U  A  B  D  A  O  T
T  T  L  A  Î  U  J  R  M  L  N  T  H  K
O  B  E  O  B  M  E  T  A  R  O  L  O  C
S  J  U  M  Y  J  P  N  W  E  L  E  R  M
Y  Q  S  C  O  V  G  L  V  M  B  H  L  H
B  Z  N  Q  L  A  N  M  E  O  K  C  J  J
E  U  F  H  M  E  U  E  C  T  U  E  X  T
J  Z  O  O  I  V  L  Z  T  O  I  J  U  M
C  R  E  T  N  I  G  R  A  E  N  T  B  Y
G  R  I  V  E  Ț  Z  J  L  Q  D  R  U  B
V  H  V  Î  M  P  L  E  T  I  T  U  R  I
```

ARGINT	LUNG
USCAT	MARO
ALB	MOALE
BLOND	NEGRU
SCURT	CRET
CHEL	BUCLE
COLORATE	SĂNĂTOS
GRI	SUBȚIRE
ÎMPLETIT	GROS
NETED	ÎMPLETITURI

87 - Vestiti

```
Y  B  K  R  J  M  Ă  N  U  Ș  I  Ă  W  K
C  Z  H  J  C  P  A  Ț  D  G  R  D  W  Y
C  Z  I  G  U  L  B  R  E  I  L  O  C  P
P  S  N  W  R  E  V  O  L  U  P  M  S  F
P  Ă  O  U  E  J  Q  Ş  S  K  U  F  W  U
A  Ş  L  S  A  G  Ă  F  R  A  Ș  E  T  S
N  A  A  Ă  A  A  Q  C  E  M  C  S  Ă  T
T  M  T  R  R  N  K  F  J  A  H  O  Z  A
O  Ă  N  A  R  I  D  G  F  J  E  D  U  S
F  C  A  Ț  O  A  E  A  L  I  Q  X  L  A
Y  T  P  Ă  C  H  D  B  L  P  J  N  B  B
R  Q  W  R  H  A  W  L  C  E  H  E  E  T
U  V  Ț  B  I  T  I  J  Q  Q  H  H  C  K
Q  A  I  U  E  Y  Ț  Ț  U  R  Z  O  I  Q
```

ROCHIE	ŞORŢ
BRĂȚARĂ	MĂNUȘI
BLUZĂ	BLUGI
CĂMAȘĂ	PULOVER
PĂLĂRIE	MODĂ
HAINA	PANTALONI
CUREA	PIJAMA
COLIER	SANDALE
SACOU	PANTOF
FUSTA	EȘARFĂ

88 - Attività e Tempo Libero

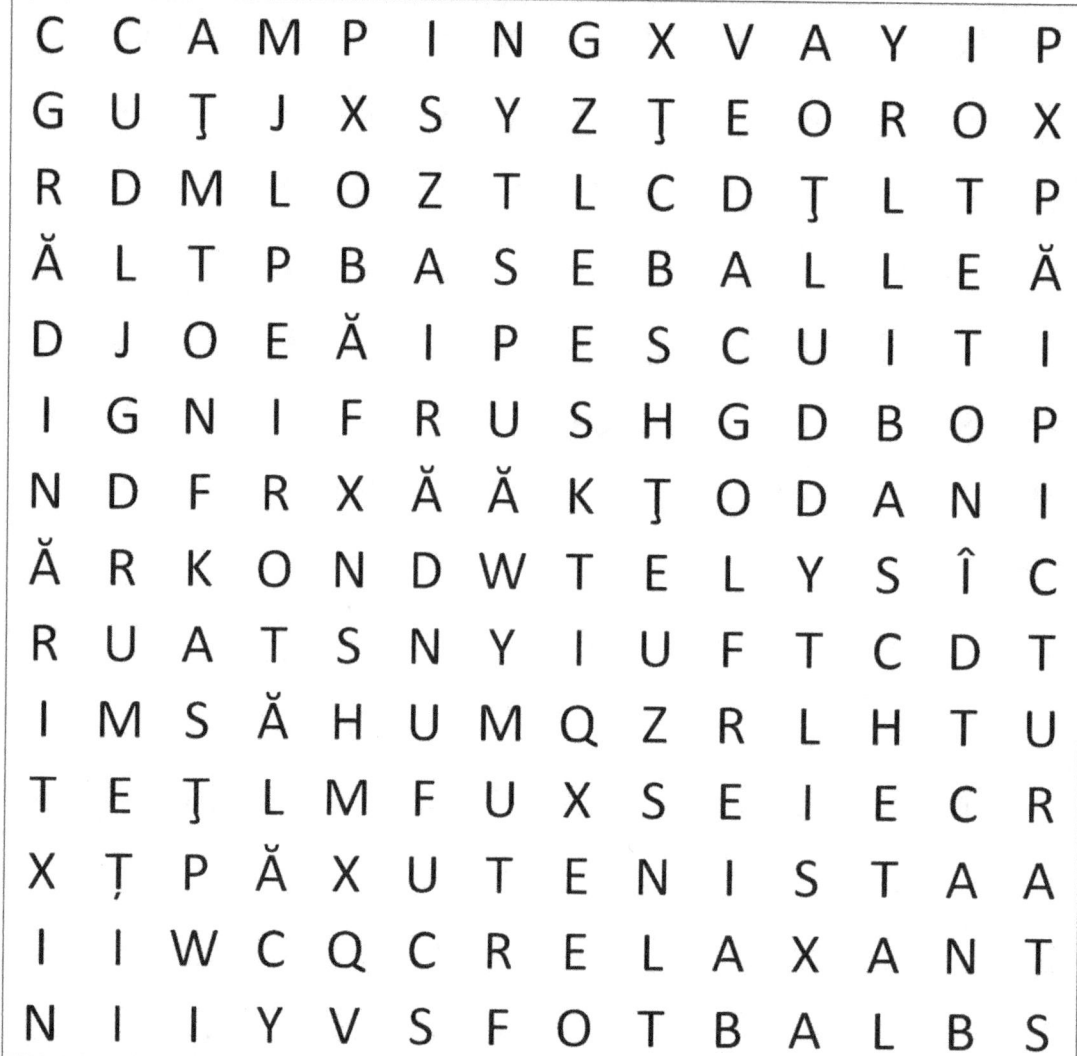

```
C C A M P I N G X V A Y I P
G U Ț J X S Y Z Ț E O R O X
R D M L O Z T L C D Ț L T P
Ă L T P B A S E B A L L E Ă
D J O E Ă I P E S C U I T I
I G N I F R U S H G D B O P
N D F R X Ă Ă K Ț O D A N I
Ă R K O N D W T E L Y S Î C
R U A T S N Y I U F T C D T
I M S Ă H U M Q Z R L H T U
T E Ț L M F U X S E I E C R
X Ț P Ă X U T E N I S T A A
I I W C Q C R E L A X A N T
N I I Y V S F O T B A L B S
```

ARTĂ
BASEBALL
BASCHET
BOX
FOTBAL
CAMPING
DRUMEȚII
GRĂDINĂRIT
GOLF
SCUFUNDĂRI

ÎNOT
VOLEI
PESCUIT
PICTURA
RELAXANT
CUMPĂRĂTURI
SURFING
TENIS
CĂLĂTORIE

89 - Meteo

```
T  Ă  N  U  T  R  U  F  Y  Q  Ţ  T  K  F
E  R  G  H  E  A  Ţ  Ă  I  P  P  E  F  U
N  E  O  V  M  G  P  K  S  O  V  M  P  L
U  F  N  P  F  G  D  S  E  L  X  P  T  G
T  S  X  D  I  N  Y  G  C  A  C  E  J  E
A  O  Q  E  X  C  X  R  E  R  E  R  C  R
C  M  F  U  M  M  A  B  T  F  A  A  U  U
S  T  N  Â  V  Z  W  L  Ă  P  Ţ  T  R  C
U  A  K  O  M  T  M  N  E  M  Ă  U  C  A
C  R  W  E  R  C  L  I  M  A  T  R  U  T
D  E  T  O  R  N  A  D  Ă  C  D  A  B  O
T  X  R  U  R  A  G  A  N  Z  Z  Q  E  S
B  R  I  Z  Ă  L  K  E  Z  A  C  A  U  F
C  H  X  M  U  S  O  N  Y  Z  O  T  X  I
```

CURCUBEU	NOR
USCAT	POLAR
ATMOSFERĂ	SECETĂ
BRIZĂ	TEMPERATURA
CER	FURTUNĂ
CLIMAT	TORNADĂ
FULGER	TROPICALE
GHEAŢĂ	TUNET
MUSON	URAGAN
CEAŢĂ	VÂNT

90 - Corpo Umano

```
U  P  C  N  T  J  F  M  P  L  X  O  U  F
E  R  T  O  C  Ă  M  I  N  I  H  C  O  A
F  P  E  X  M  N  S  A  N  L  C  U  G  Ţ
U  I  G  C  Ţ  Â  Â  L  A  K  D  I  P  Ă
M  E  E  C  H  M  N  S  G  Q  X  G  O  D
Ă  L  D  V  E  E  G  R  Z  F  Ţ  E  N  R
R  E  X  Z  K  Ă  E  G  Z  O  A  N  B  E
G  Â  T  I  I  N  W  D  U  L  S  U  Y  I
R  I  E  C  G  Z  O  A  C  R  C  N  N  E
B  Ă  R  B  I  E  N  Ţ  N  R  Ă  C  M  R
Y  W  C  R  N  L  F  L  Q  Ţ  D  H  Ţ  C
C  Y  I  K  S  G  K  N  P  L  H  I  C  V
A  B  G  P  P  F  F  L  R  F  Z  P  K  N
P  W  R  M  E  I  X  E  S  T  O  M  A  C
```

GURĂ	MÂNĂ
GLEZNĂ	BĂRBIE
CREIER	NAS
GÂT	OCHI
INIMĂ	URECHE
DEGET	PIELE
FAȚĂ	SÂNGE
PICIOR	UMĂR
GENUNCHI	STOMAC
COT	CAP

91 - Mammiferi

```
C C O I O T I X R M O K I F
E A E L E F A N T F A G E L
G Z N Q P I S I C Ă I G P A
O I V G P T H R A N E O U L
C R C N U E L W U E K R R M
R P I X L R U H B L G I E A
Ă Z H U J I J K U A L L D I
R O Q R H L N S L B G Ă I M
B B C G N K K X Y U I E Y U
E K Q P B Y G Z O B R E C Ţ
Z P B D Z B H O X A A N J Ă
D E L F I N O B H P F I H B
A P A U R D J L G F Ă Â D E
X J C B V F T A U R Z C Q P
```

BALENĂ	GIRAFĂ
CÂINE	GORILĂ
CANGUR	LEU
CAL	LUP
CERB	URS
IEPURE	OAIE
COIOT	MAIMUŢĂ
DELFIN	TAUR
ELEFANT	VULPE
PISICĂ	ZEBRĂ

92 - Animali Domestici

```
M  P  S  G  Ș  O  A  R  E  C  E  E  F  I
Y  A  L  U  R  X  Z  Z  R  T  G  T  V  V
W  I  W  L  D  G  D  S  A  X  Ș  N  P  M
H  L  W  E  N  I  Â  C  E  T  I  E  Ț  P
A  E  E  R  X  B  Ă  D  H  N  C  M  P  I
M  S  I  E  P  U  R  E  G  P  C  I  W  S
S  Ă  A  O  P  A  P  A  G  A  L  L  O  I
T  C  P  Ț  S  V  A  C  Ă  C  M  A  U  C
E  Ă  Ă  K  C  I  C  X  L  D  O  K  O  Ă
R  Ț  Y  P  N  X  P  U  R  A  P  A  Z  S
M  E  D  I  X  Ț  Z  V  Â  W  C  P  D  C
T  L  Ț  Q  V  R  O  T  P  A  L  Z  S  Ă
H  U  T  S  N  L  K  W  O  M  U  C  G  X
H  Ș  J  D  T  G  F  Z  Ș  T  F  E  Ț  S
```

APĂ	CĂȚELUȘ
GHEARE	PISOI
CÂINE	PISICĂ
CAPRĂ	LESĂ
ALIMENTE	ȘOPÂRLĂ
COADĂ	VACĂ
GULER	PAPAGAL
IEPURE	PEȘTE
HAMSTER	ȘOARECE

93 - Cucina

```
C  P  C  L  V  Ț  O  Ș  L  C  A  T  I  G
E  O  A  D  E  P  D  O  I  H  U  F  F  R
A  L  S  Q  T  Ț  O  R  N  F  Y  P  I  Ă
I  O  T  J  I  F  E  Ț  G  X  V  B  E  T
N  N  R  Z  Ț  H  C  V  U  X  F  U  R  A
I  I  O  G  U  N  A  C  R  O  B  R  A  R
C  C  N  I  C  R  U  F  I  E  S  E  O  E
C  O  N  G  E  L  A  T  O  R  Ș  T  Ș  D
C  U  P  T  O  R  R  I  L  E  V  E  I  I
U  L  C  I  O  R  J  E  J  H  P  W  Ț  G
A  L  I  M  E  N  T  E  Ț  V  V  E  E  I
G  S  W  B  A  J  X  I  W  E  Z  U  B  R
C  O  N  D  I  M  E  N  T  E  T  F  L  F
J  M  D  T  J  P  R  X  Q  I  Y  Ă  O  S
```

BEȚIȘOARE	FRIGIDER
CEAINIC	ȘORȚ
ULCIOR	GRĂTAR
ALIMENTE	POLONIC
CASTRON	REȚETĂ
CUȚITE	CONDIMENTE
CONGELATOR	BURETE
LINGURI	CUPE
FURCI	ȘERVEȚEL
CUPTOR	BORCAN

94 - Universo

```
O  R  I  Z  O  N  T  C  R  P  E  U  T  G
V  I  Z  I  B  I  L  P  E  O  N  H  R  Y
Î  N  T  U  N  E  R  I  C  R  A  L  O  S
L  T  A  N  U  L  N  Q  J  U  E  B  Ţ  S
O  E  T  A  L  O  R  N  A  C  I  S  Z  O
N  L  M  S  A  J  D  H  S  V  I  N  C  L
G  E  O  T  T  E  I  X  A  L  A  G  E  S
I  S  S  R  I  M  O  N  O  R  T  S  A  T
T  C  F  O  T  I  R  C  Z  H  Z  W  W  I
U  O  E  N  U  S  E  C  O  O  B  F  B  Ţ
D  P  R  O  D  F  T  X  Ţ  S  D  E  K  I
I  Ţ  Ă  M  I  E  S  F  O  A  M  I  D  U
N  B  Z  I  N  R  A  T  P  N  M  I  A  H
E  E  C  E  E  Ă  T  I  B  R  O  F  C  C
```

ASTEROID

ASTRONOMIE

ASTRONOM

ATMOSFERĂ

ÎNTUNERIC

CERESC

CER

COSMIC

EMISFERĂ

GALAXIE

LATITUDINE

LONGITUDINE

LUNA

ORBITĂ

ORIZONT

SOLAR

SOLSTIŢIU

TELESCOP

VIZIBIL

ZODIAC

95 - Jazz

```
B  O  E  I  Ţ  I  Z  O  P  M  O  C  W  C
V  R  W  T  W  Q  N  N  M  U  B  L  A  E
G  C  T  D  L  L  O  G  R  Z  E  H  W  L
I  H  C  E  V  S  U  Ţ  U  I  X  E  T  E
D  E  T  I  R  O  V  A  F  C  N  O  A  B
T  S  I  T  R  A  I  W  M  Ă  S  W  L  R
B  T  Y  N  Q  A  C  S  X  Q  D  A  E  U
T  R  E  C  N  O  C  C  G  Ţ  M  P  N  S
A  Ă  C  I  N  H  E  T  E  E  W  L  T  R
C  Â  N  T  E  C  L  O  W  N  N  A  L  I
C  O  M  P  O  Z  I  T  O  R  T  U  F  T
D  W  E  S  I  X  T  K  H  F  F  Z  S  M
Y  Q  T  Y  I  H  S  H  N  U  R  E  Z  A
I  M  P  R  O  V  I  Z  A  Ţ  I  E  A  A
```

ALBUM	IMPROVIZAŢIE
APLAUZE	MUZICĂ
ARTIST	NOU
CÂNTEC	ORCHESTRĂ
COMPOZITOR	FAVORITE
COMPOZIŢIE	RITM
CONCERT	STIL
ACCENT	TALENT
CELEBRU	TEHNICĂ
GEN	VECHI

96 - Vacanze #2

```
T  G  E  I  R  O  T  Ă  L  Ă  C  H  F  D
R  I  Ă  Ț  N  A  C  A  V  G  Ț  O  O  E
O  T  M  C  P  F  K  Y  X  N  A  T  T  S
P  X  H  P  Ă  J  A  L  P  I  E  E  O  T
A  T  T  Q  L  M  A  M  Ț  P  R  L  G  I
Ș  C  N  B  U  I  A  S  I  M  O  Ț  R  N
A  Z  A  I  S  M  B  R  N  A  P  L  A  A
P  R  R  Q  N  D  Y  E  E  C  O  P  F  Ț
T  S  U  O  I  N  Y  M  R  R  R  P  I  I
T  R  A  N  S  P  O  R  T  A  T  V  I  E
Q  R  T  Y  H  Z  H  A  R  T  Ă  I  M  X
J  L  S  N  Q  H  C  O  R  T  S  Z  W  E
Y  V  E  S  T  R  Ă  I  N  M  L  Ă  D  F
G  M  R  C  J  F  N  J  B  V  W  D  X  B
```

AEROPORT
CAMPING
DESTINAȚIE
FOTOGRAFII
HOTEL
INSULĂ
HARTĂ
MARE
PAȘAPORT
RESTAURANT

PLAJĂ
STRĂIN
TAXI
TIMP LIBER
CORT
TRANSPORT
TREN
VACANȚĂ
CĂLĂTORIE
VIZĂ

97 - Attività

```
J  P  T  G  G  S  W  B  E  N  R  U  F  T
O  E  N  W  M  N  W  L  I  Ţ  F  M  Y  T
C  S  O  H  K  A  G  G  J  G  S  I  F  P
U  C  G  R  Ă  D  I  N  Ă  R  I  T  O  B
R  U  V  F  P  I  I  I  T  J  K  J  T  E
I  I  G  D  L  U  Ţ  P  R  E  V  N  O  R
R  T  E  S  Ă  D  E  M  A  P  I  D  G  A
P  Ţ  X  Ă  C  I  M  A  R  E  C  G  R  N
A  U  A  V  E  S  U  C  W  H  J  T  A  Â
N  F  Z  W  R  Ă  R  U  T  C  E  L  F  M
Ţ  N  R  Z  E  D  D  C  U  S  U  T  I  E
V  N  T  U  L  F  L  S  M  Y  B  H  E  D
V  L  U  Ţ  M  E  R  A  X  A  L  E  R  N
M  E  Ş  T  E  Ş  U  G  U  R  I  Ţ  B  Î
```

ÎNDEMÂNARE	GRĂDINĂRIT
ARTĂ	JOCURI
MEŞTEŞUGURI	LECTURĂ
CAMPING	MAGIE
CERAMICĂ	PESCUIT
CUSUT	PLĂCERE
DANS	PUZZLE
DRUMEŢII	RELAXARE
FOTOGRAFIE	

98 - Diplomazia

```
D U M A N I T A R C I V I C
E R E I L I S N O C S P S E
E T E I Ţ U C S I D O O E T
K B I P A E J Y V G L L C Ă
K B V C T M Z D E L U I U Ţ
T V B T Ă A B U P X Ţ T R E
W R F C C L T A X L I I I N
Ţ G U V E R N E S W E C T I
C O O P E R A R E A C Ă A Q
D I P L O M A T I C D N T P
N Z A M B A S A D Ă R O E T
I N T E G R I T A T E J R W
C O N F L I C T T R A T A T
R E Z O L U Ţ I E I R V P T
```

AMBASADĂ
AMBASADOR
CETĂŢENI
CIVIC
CONFLICT
CONSILIER
COOPERARE
DIPLOMATIC
DISCUŢIE
ETICĂ

DREPTATE
GUVERN
INTEGRITATE
POLITICĂ
REZOLUŢIE
SECURITATE
SOLUŢIE
TRATAT
UMANITAR

99 - Forniture Artistiche

```
A  C  R  I  L  I  C  P  N  U  A  C  S  C
W  L  O  D  U  R  Z  T  Y  L  U  D  G  Ă
E  L  E  R  A  U  C  A  F  E  F  R  J  R
T  U  L  B  Y  L  I  M  A  I  X  E  S  B
A  A  A  P  A  E  N  A  O  I  E  R  C  U
T  Ţ  K  W  K  T  Y  T  M  R  W  H  O  N
I  R  Z  W  S  S  V  V  N  E  C  Z  X  E
V  L  A  C  N  A  Ţ  X  X  P  J  X  Z  P
I  I  Z  D  R  P  H  Â  R  T  I  E  X  W
T  P  J  E  I  I  D  E  I  R  O  L  U  C
A  I  O  H  T  E  L  A  V  E  Ş  T  K  O
E  C  G  I  F  K  R  H  H  Y  L  C  Ţ  D
R  I  I  X  M  W  Q  Ă  W  I  M  R  T  R
C  E  R  N  E  A  L  Ă  P  A  W  M  R  H
```

APĂ	RADIERĂ
ACUARELE	IDEI
ACRILIC	CERNEALĂ
LUT	CREIOANE
CĂRBUNE	ULEI
HÂRTIE	PASTELURI
ȘEVALET	SCAUN
LIPICI	PERII
CULORI	TABEL
CREATIVITATE	

100 - Misurazioni

```
K  R  Y  L  Î  N  Ă  L  Ţ  I  M  E  C  K
G  R  A  D  Ă  B  L  A  H  E  E  F  E  D
B  E  Y  P  R  Ţ  I  S  C  P  F  W  N  A
Y  L  I  T  R  U  I  N  I  U  K  H  T  K
T  M  I  N  U  T  A  M  G  R  A  M  I  D
E  T  A  T  U  E  R  G  E  U  I  T  M  E
M  O  A  U  B  E  M  A  X  R  S  Ţ  E  X
I  Z  E  C  I  M  A  L  M  T  J  X  T  R
C  E  T  N  P  I  R  Z  F  E  T  Y  R  Z
N  Y  Z  T  G  G  S  S  M  T  C  U  A
Â  V  X  O  Ă  N  O  T  G  O  I  R  A  P
D  M  W  D  M  U  L  O  V  L  S  N  U  P
A  H  Y  E  S  L  I  J  Z  I  E  H  C  D
U  N  C  I  E  L  K  N  H  K  A  P  S  H
```

ÎNĂLŢIME	LUNGIME
BYTE	METRU
CENTIMETRU	MINUT
KILOGRAM	UNCIE
KILOMETRU	GREUTATE
ZECIMAL	HALBĂ
GRAD	INCH
GRAM	ADÂNCIME
LĂŢIME	TONĂ
LITRU	VOLUM

1 - Scacchi

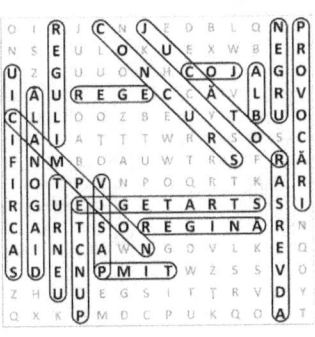

2 - Salute e Benessere #2

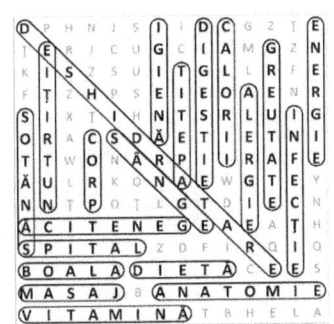

3 - Aggettivi #2

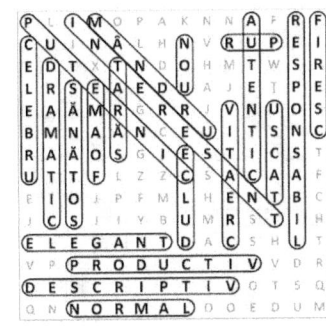

4 - Ingegneria

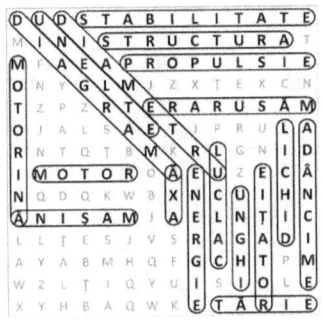

5 - Archeologia

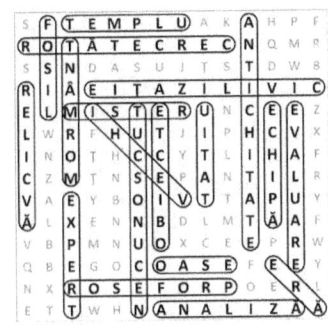

6 - Salute e Benessere #1

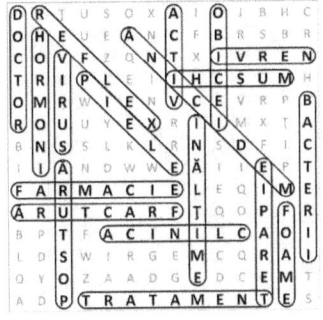

7 - Aggettivi #1

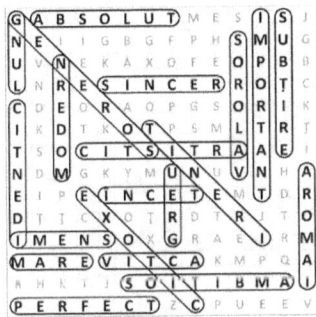

8 - Geologia

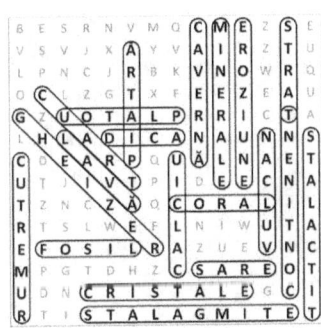

9 - Campeggio

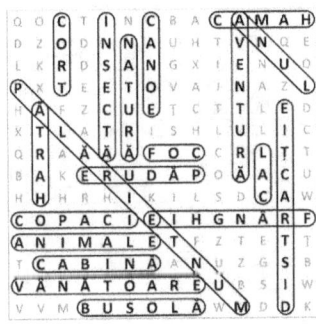

10 - Arti Visive

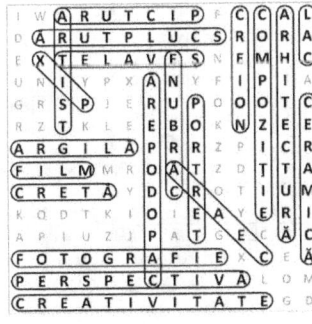

11 - Tempo

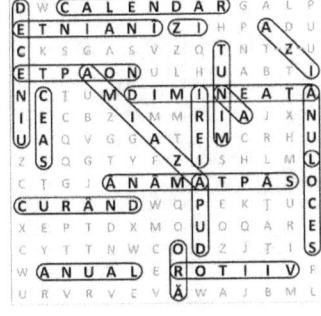

12 - Astronomia

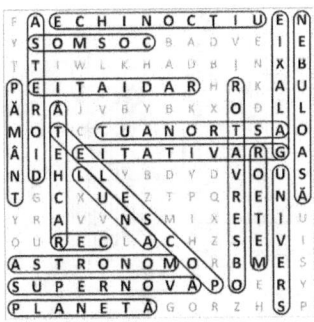

13 - Circo

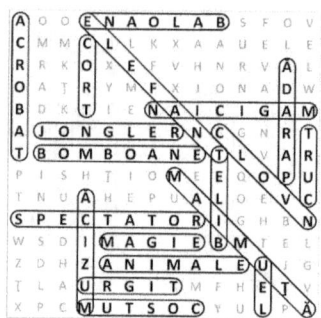

14 - Algebra

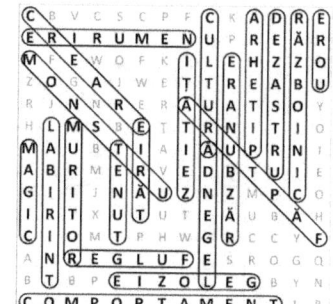

15 - Mitologia

16 - Piante

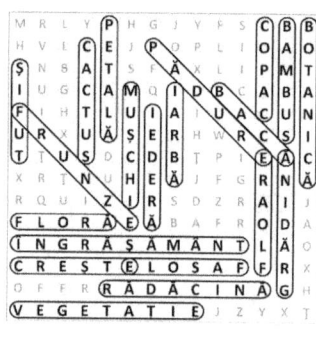

17 - Spezie

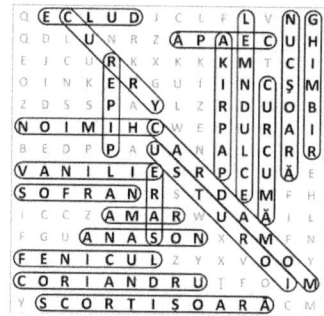

18 - Numeri

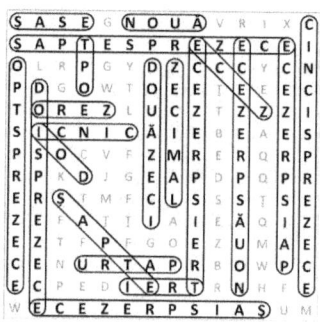

19 - Cioccolato

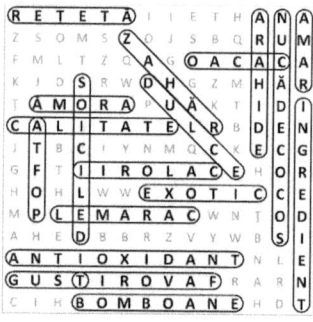

20 - Guida

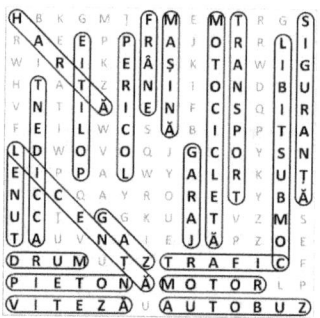

21 - I Media

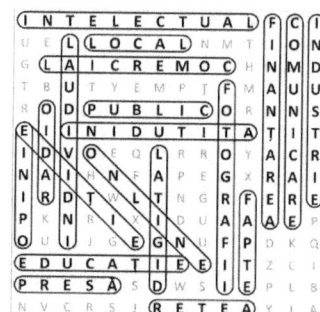

22 - Forza e Gravità

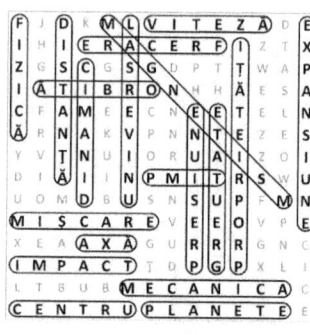

23 - Uccelli

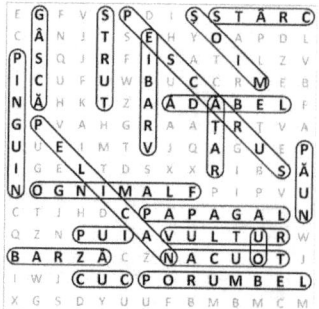

24 - Giorni e Mesi

25 - Casa

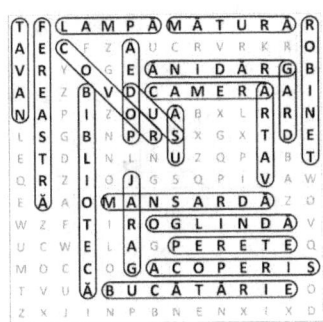

26 - Fantascienza

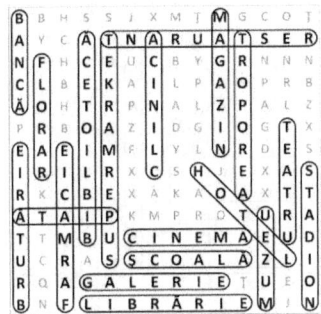

27 - Città

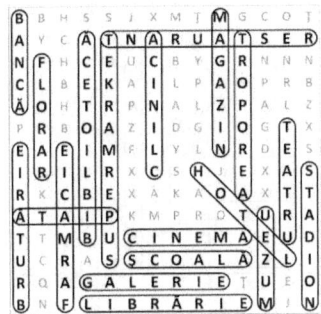

28 - Fattoria #1

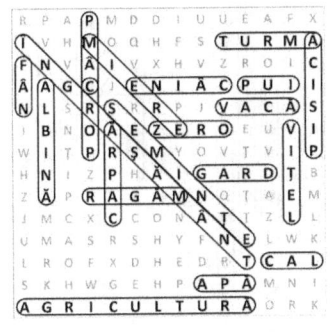

29 - Psicologia

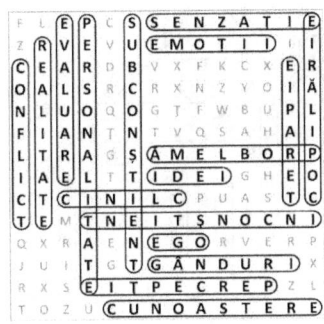

30 - Paesaggi

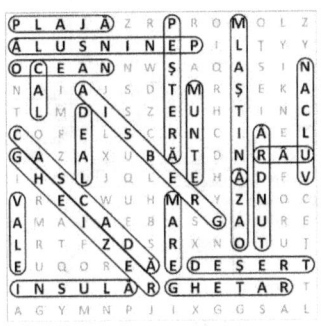

31 - Energia

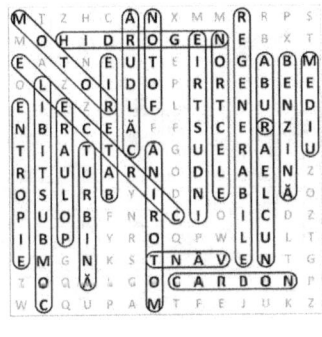

32 - Ristorante #2

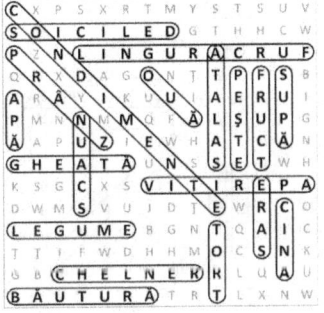

33 - Moda

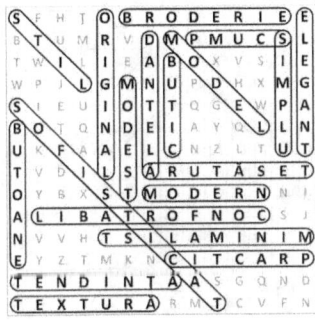

34 - L'Azienda

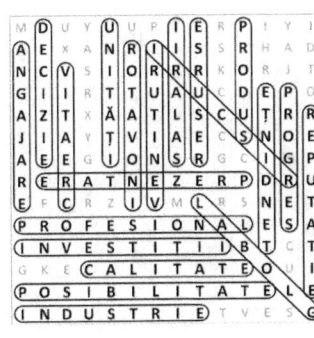

35 - Giardino

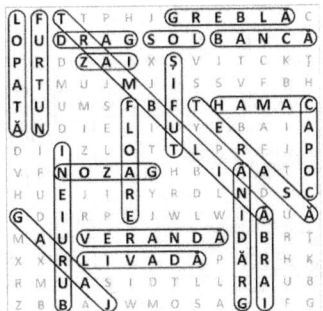

36 - Frutta

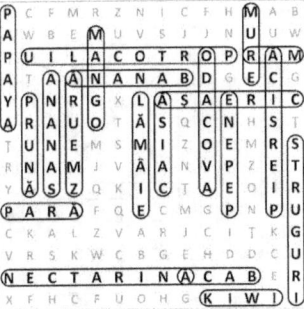

37 - Fattoria #2

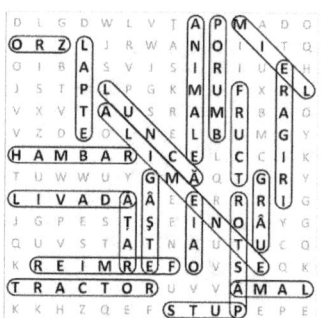

38 - Verdure

39 - Musica

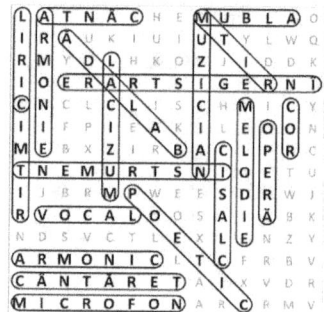

40 - Barbecue

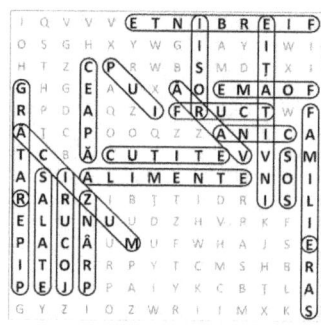

41 - Fisica

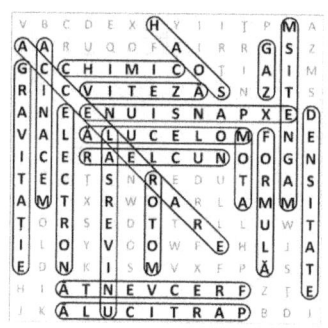

42 - Erboristeria

43 - Attività Commerciale

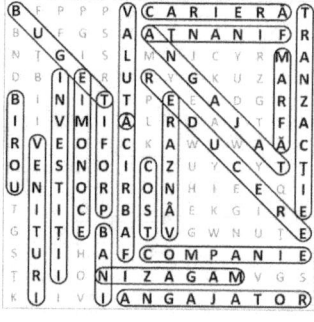

44 - Filantropia

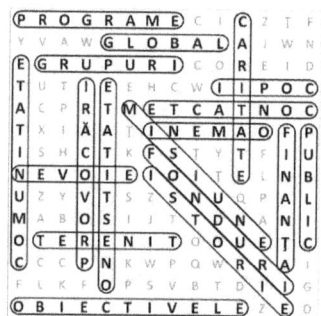

45 - Ecologia

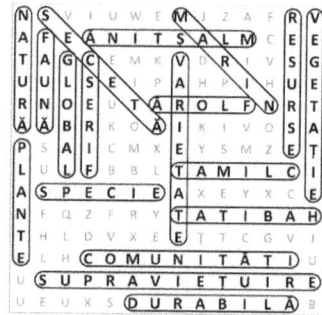

46 - Discipline Scientifiche

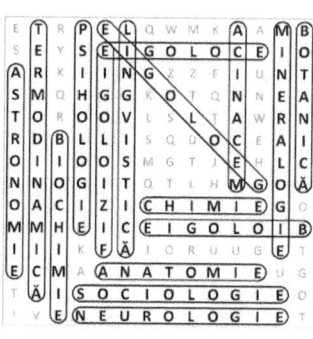

47 - Scienza

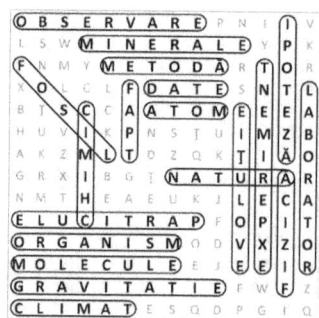

48 - Acqua

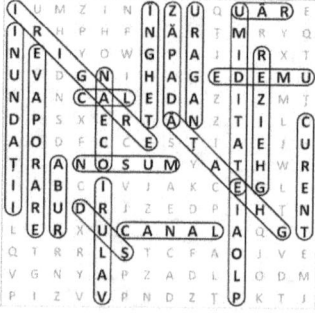

49 - Gatti

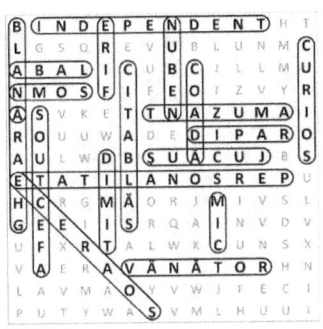

50 - Imbarcazioni

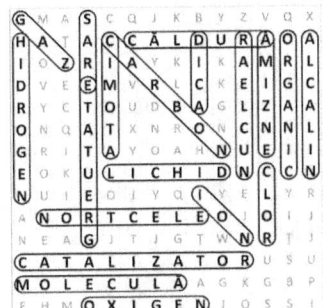

51 - Chimica

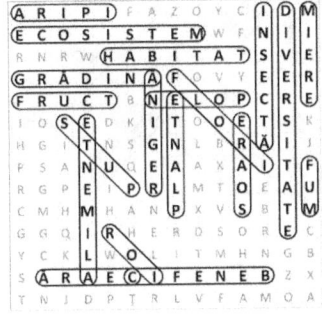

52 - Api

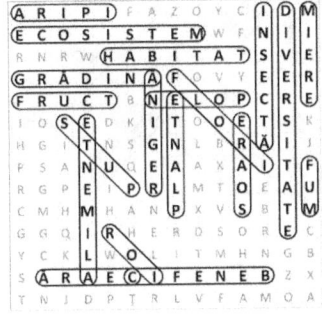

53 - Strumenti Musicali

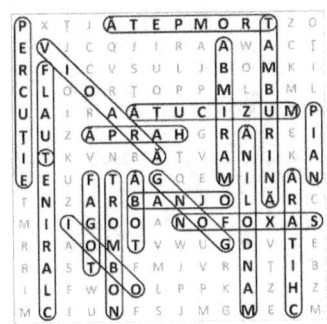

54 - Professioni #2

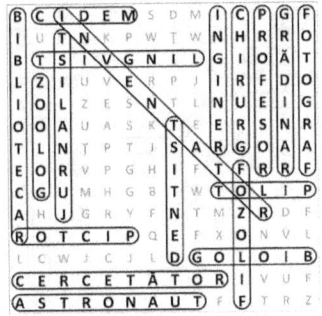

55 - Letteratura

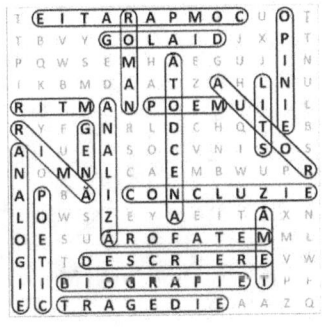

56 - Cibo #2

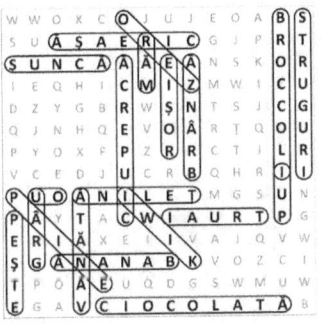

57 - Nutrizione

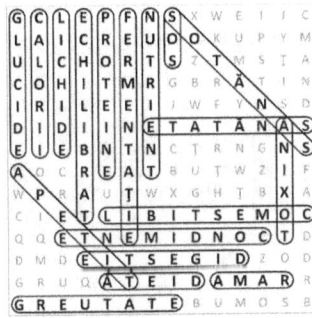

58 - Matematica

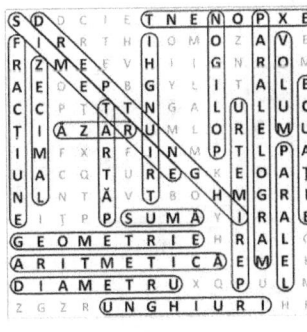

59 - Meditazione

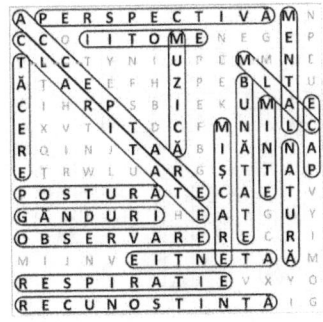

60 - Elettricità

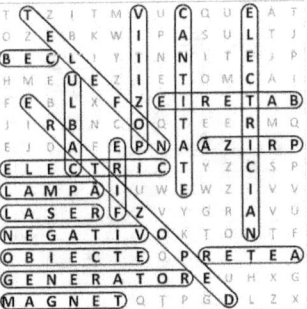

61 - Antiquariato

62 - Escursionismo

63 - Professioni #1

64 - Antartide

65 - Libri

66 - Geografia

67 - Cibo #1

68 - Etica

69 - Aeroplani

70 - Governo

71 - Bellezza

72 - Avventura

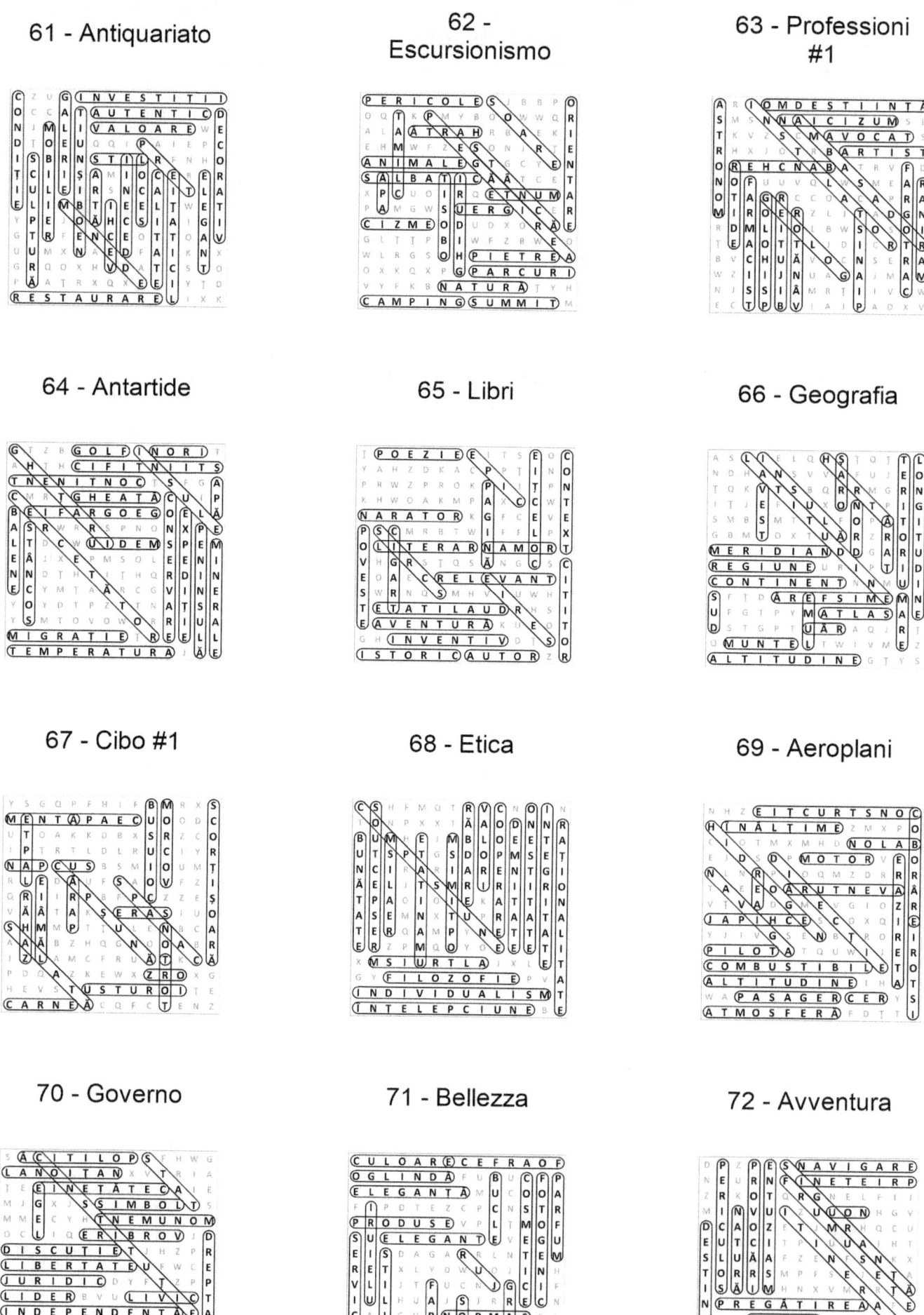

73 - Forme

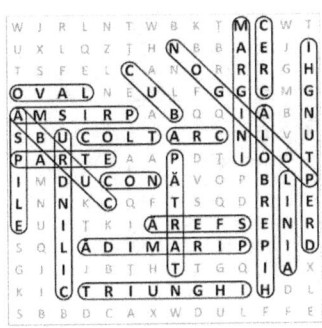

74 - Oceano

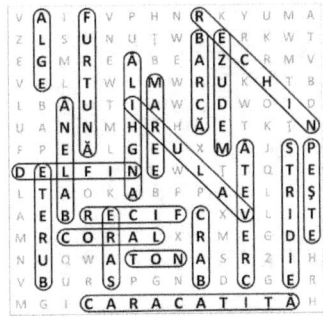

75 - Famiglia

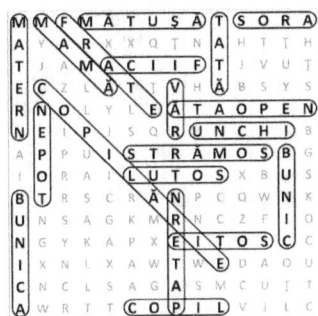

76 - Creatività

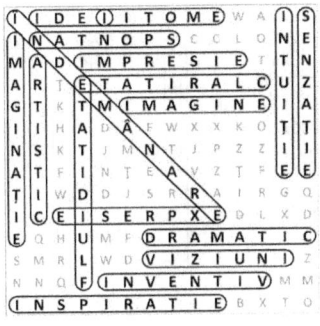

77 - Veicoli

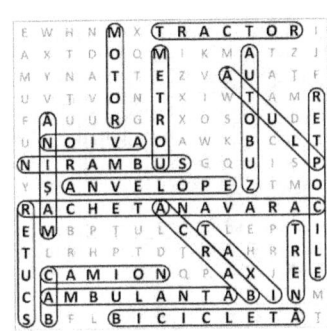

78 - Emozioni

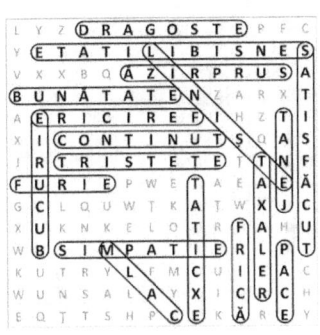

79 - Natura

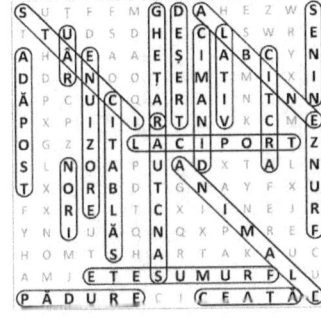

80 - Balletto

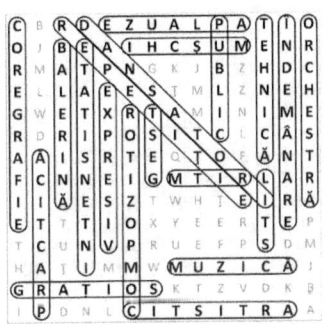

81 - Paesi #1

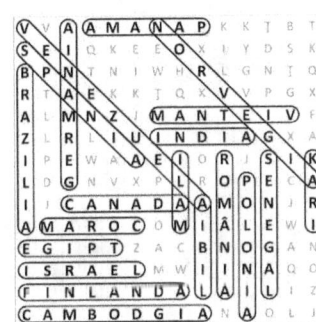

82 - Geometria

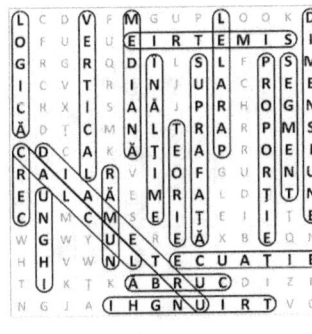

83 - Foresta Pluviale

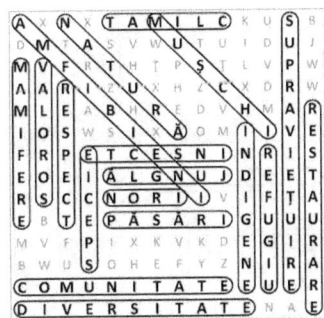

84 - Edifici

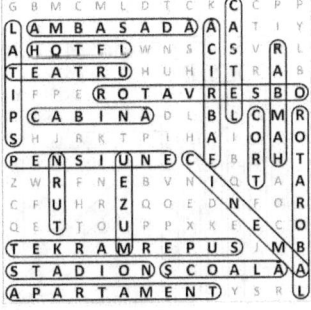

85 - Paesi #2

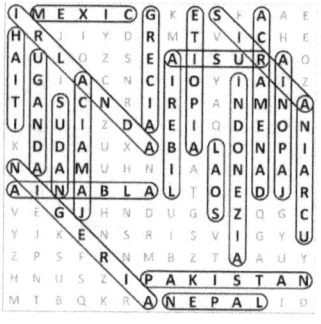

86 - Tipi di Capelli

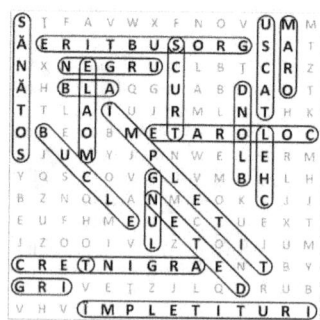

87 - Vestiti

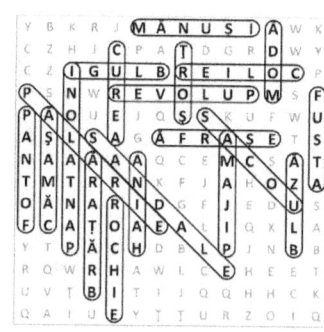

88 - Attività e Tempo Libero

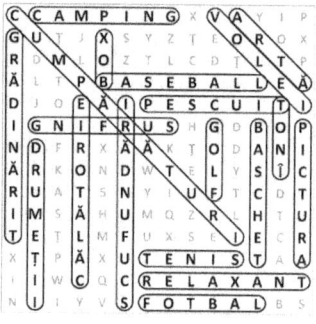

89 - Meteo

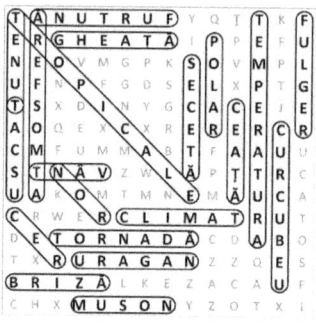

90 - Corpo Umano

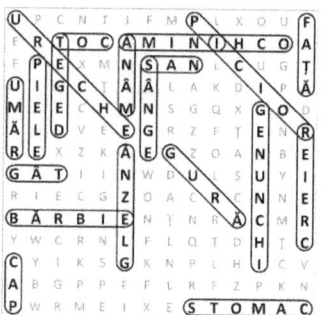

91 - Mammiferi

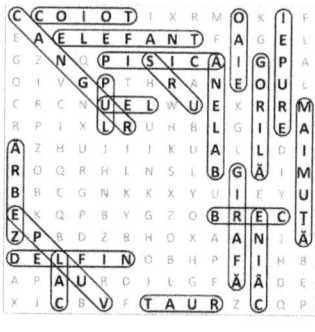

92 - Animali Domestici

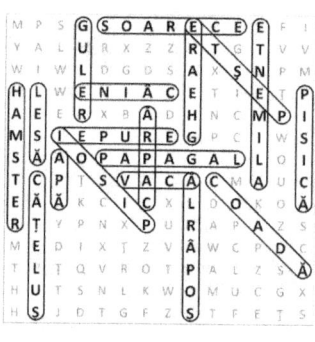

93 - Cucina

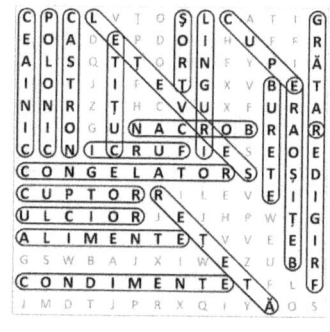

94 - Universo

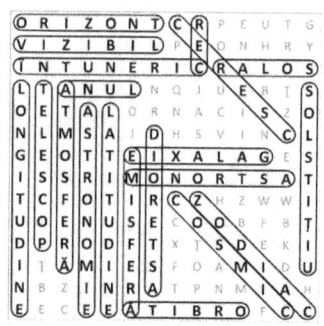

95 - Jazz

96 - Vacanze #2

97 - Attività

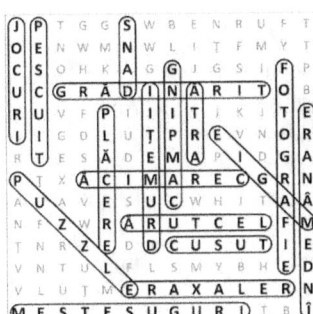

98 - Diplomazia

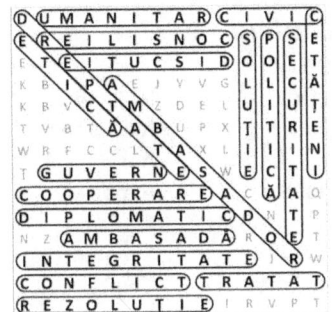

99 - Forniture Artistiche

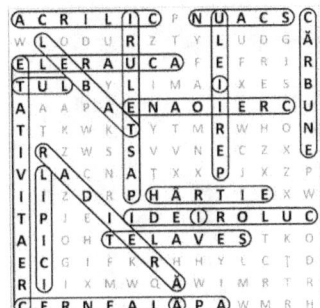

100 - Misurazioni

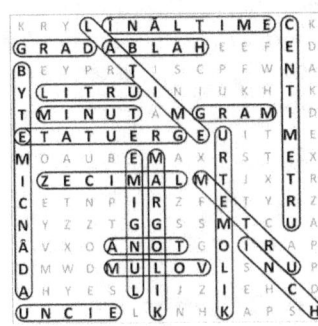

Dizionario

Acqua
Apă

Alluvione	Inundații
Canale	Canal
Doccia	Duş
Evaporazione	Evaporare
Fiume	Râu
Flusso	Curent
Gelo	Îngheţ
Geyser	Gheizer
Ghiaccio	Gheaţă
Irrigazione	Irigare
Lago	Lac
Monsone	Muson
Neve	Zăpadă
Oceano	Ocean
Onde	Valuri
Pioggia	Ploaie
Umidità	Umiditate
Umido	Umede
Uragano	Uragan
Vapore	Abur

Aeroplani
Avioane

Altezza	Înălţime
Altitudine	Altitudine
Aria	Aer
Atmosfera	Atmosferă
Atterraggio	Aterizare
Avventura	Aventură
Carburante	Combustibil
Cielo	Cer
Costruzione	Construcţie
Direzione	Direcţie
Discesa	Coborâre
Equipaggio	Echipaj
Idrogeno	Hidrogen
Motore	Motor
Navigare	Naviga
Palloncino	Balon
Passeggero	Pasager
Pilota	Pilot
Storia	Istorie
Turbolenza	Turbulenţă

Aggettivi #1
Adjective #1

Ambizioso	Ambiţios
Aromatico	Aromat
Artistico	Artistic
Assoluto	Absolut
Attivo	Activ
Enorme	Imens
Esotico	Exotic
Generoso	Generos
Giovane	Tineri
Grande	Mare
Identico	Identic
Importante	Important
Lento	Încet
Lungo	Lung
Moderno	Modern
Onesto	Sincer
Perfetto	Perfect
Pesante	Greu
Prezioso	Valoros
Sottile	Subţire

Aggettivi #2
Adjective #2

Affamato	Foame
Asciutto	Uscat
Autentico	Autentic
Creativo	Creativ
Descrittivo	Descriptiv
Dolce	Dulce
Drammatico	Dramatic
Elegante	Elegant
Famoso	Celebru
Forte	Puternic
Interessante	Interesant
Naturale	Firesc
Normale	Normal
Nuovo	Nou
Orgoglioso	Mândru
Produttivo	Productiv
Puro	Pur
Responsabile	Responsabil
Salato	Sărat
Sano	Sănătos

Algebra
Algebră

Diagramma	Diagramă
Equazione	Ecuaţie
Esponente	Exponent
Falso	Fals
Fattore	Factor
Formula	Formulă
Frazione	Fracţiune
Grafico	Grafic
Infinito	Infinit
Lineare	Liniar
Matrice	Matrice
Numero	Număr
Parentesi	Paranteză
Problema	Problemă
Semplificare	Simplifica
Soluzione	Soluţie
Somma	Sumă
Sottrazione	Scădere
Variabile	Variabil
Zero	Zero

Animali Domestici
Animale de Companie

Acqua	Apă
Artigli	Gheare
Cane	Câine
Capra	Capră
Cibo	Alimente
Coda	Coadă
Collare	Guler
Coniglio	Iepure
Criceto	Hamster
Cucciolo	Căţeluş
Gattino	Pisoi
Gatto	Pisică
Guinzaglio	Lesă
Lucertola	Şopârlă
Mucca	Vacă
Pappagallo	Papagal
Pesce	Peşte
Topo	Şoarece
Veterinario	Veterinar
Zampe	Labe

Antartide
Antarctica

Acqua	Apă
Ambiente	Mediu
Baia	Golf
Balene	Balene
Conservazione	Conservare
Continente	Continent
Geografia	Geografie
Ghiacciai	Ghețari
Ghiaccio	Gheață
Isole	Insule
Migrazione	Migrație
Minerali	Minerale
Nuvole	Nori
Penisola	Peninsulă
Ricercatore	Cercetător
Roccioso	Stâncos
Scientifico	Științific
Spedizione	Expediție
Temperatura	Temperatura
Topografia	Topografie

Antiquariato
Antichități

Arte	Artă
Asta	Licitație
Autentico	Autentic
Condizione	Condiție
Decenni	Decenii
Decorativo	Decorativ
Elegante	Elegant
Galleria	Galerie
Insolito	Neobișnuit
Investimento	Investiții
Mobilio	Mobilier
Monete	Monede
Prezzo	Preț
Qualità	Calitate
Restauro	Restaurare
Scultura	Sculptură
Secolo	Secol
Stile	Stil
Valore	Valoare
Vecchio	Vechi

Api
Albinele

Ali	Aripi
Alveare	Stup
Benefico	Benefic
Cera	Ceară
Cibo	Alimente
Diversità	Diversitate
Ecosistema	Ecosistem
Fiori	Flori
Frutta	Fruct
Fumo	Fum
Giardino	Grădină
Habitat	Habitat
Insetto	Insectă
Miele	Miere
Piante	Plante
Polline	Polen
Regina	Regină
Sciame	Roi
Sole	Soare

Archeologia
Arheologie

Analisi	Analiză
Antichità	Antichitate
Antico	Vechi
Civiltà	Civilizație
Dimenticato	Uitat
Discendente	Descendent
Era	Eră
Esperto	Expert
Fossile	Fosil
Mistero	Mister
Oggetti	Obiecte
Ossa	Oase
Professore	Profesor
Reliquia	Relicvă
Ricercatore	Cercetător
Sconosciuto	Necunoscut
Squadra	Echipă
Tempio	Templu
Tomba	Mormânt
Valutazione	Evaluare

Arti Visive
Arte Vizuale

Architettura	Arhitectură
Argilla	Argilă
Artista	Artist
Capolavoro	Capodoperă
Carbone	Cărbune
Cavalletto	Șevalet
Cera	Ceară
Ceramica	Ceramică
Composizione	Compoziție
Creatività	Creativitate
Film	Film
Fotografia	Fotografie
Gesso	Cretă
Matita	Creion
Penna	Pix
Pittura	Pictura
Prospettiva	Perspectivă
Ritratto	Portret
Scultura	Sculptură
Vernice	Lac

Astronomia
Astronomie

Asteroide	Asteroid
Astronauta	Astronaut
Astronomo	Astronom
Cielo	Cer
Cosmo	Cosmos
Costellazione	Constelație
Equinozio	Echinocțiu
Galassia	Galaxie
Gravità	Gravitație
Luna	Luna
Meteora	Meteor
Nebulosa	Nebuloasă
Osservatorio	Observator
Pianeta	Planetă
Radiazione	Radiație
Razzo	Rachetă
Supernova	Supernovă
Telescopio	Telescop
Terra	Pământ
Universo	Univers

Attività
Activități

Abilità	Îndemânare
Arte	Artă
Artigianato	Meşteşuguri
Attività	Activitate
Caccia	Vânătoare
Campeggio	Camping
Ceramica	Ceramică
Cucire	Cusut
Danza	Dans
Escursioni	Drumeţii
Fotografia	Fotografie
Giardinaggio	Grădinărit
Giochi	Jocuri
Lettura	Lectură
Magia	Magie
Pesca	Pescuit
Piacere	Plăcere
Puzzle	Puzzle
Rilassamento	Relaxare
Tempo Libero	Timp Liber

Attività Commerciale
Afaceri

Bilancio	Buget
Carriera	Carieră
Costo	Cost
Datore di Lavoro	Angajator
Dipendente	Angajat
Economia	Economie
Fabbrica	Fabrică
Finanza	Finanţa
Investimento	Investiţii
Merce	Marfă
Negozio	Magazin
Profitto	Profit
Reddito	Venituri
Sconto	Reducere
Società	Companie
Soldi	Bani
Transazione	Tranzacţie
Ufficio	Birou
Valuta	Valută
Vendita	Vânzare

Attività e Tempo Libero
Activități și Timp Liber

Arte	Artă
Baseball	Baseball
Basket	Baschet
Boxe	Box
Calcio	Fotbal
Campeggio	Camping
Escursioni	Drumeţii
Giardinaggio	Grădinărit
Golf	Golf
Immersione	Scufundări
Nuoto	Înot
Pallavolo	Volei
Pesca	Pescuit
Pittura	Pictura
Rilassante	Relaxant
Shopping	Cumpărături
Surf	Surfing
Tennis	Tenis
Viaggio	Călătorie

Avventura
Aventuri

Amici	Prieteni
Attività	Activitate
Bellezza	Frumuseţe
Coraggio	Curaj
Destinazione	Destinaţie
Difficoltà	Dificultate
Entusiasmo	Entuziasm
Escursione	Excursie
Gioia	Bucurie
Insolito	Neobişnuit
Itinerario	Itinerar
Natura	Natură
Navigazione	Navigare
Nuovo	Nou
Opportunità	Oportunitate
Pericoloso	Periculos
Preparazione	Pregătirea
Sfide	Provocări
Sicurezza	Siguranţă
Viaggi	Călătorii

Balletto
Balet

Abilità	Îndemânare
Applauso	Aplauze
Artistico	Artistic
Ballerina	Balerină
Ballerini	Dansatori
Compositore	Compozitor
Coreografia	Coregrafie
Espressivo	Expresiv
Gesto	Gest
Grazioso	Graţios
Intensità	Intensitate
Muscoli	Muşchi
Musica	Muzică
Orchestra	Orchestră
Pratica	Practică
Prova	Repetiţie
Pubblico	Public
Ritmo	Ritm
Stile	Stil
Tecnica	Tehnică

Barbecue
Grătare

Caldo	Fierbinte
Cena	Cina
Cibo	Alimente
Cipolle	Ceapă
Coltelli	Cuţite
Estate	Vară
Fame	Foame
Famiglia	Familie
Frutta	Fruct
Giochi	Jocuri
Griglia	Grătar
Insalate	Salate
Invito	Invitaţie
Musica	Muzică
Pepe	Piper
Pollo	Pui
Pomodori	Rosii
Pranzo	Prânz
Sale	Sare
Salsa	Sos

Bellezza
Frumusețe

Colore	Culoare
Cosmetici	Cosmetice
Elegante	Elegant
Eleganza	Eleganță
Fascino	Farmec
Forbici	Foarfece
Fotogenico	Fotogenic
Fragranza	Parfum
Grazia	Grație
Mascara	Rimel
Oli	Uleiuri
Pelle	Piele
Prodotti	Produse
Profumo	Miros
Riccioli	Bucle
Rossetto	Ruj
Servizi	Servicii
Shampoo	Șampon
Specchio	Oglindă
Stilista	Stilist

Campeggio
Camping

Alberi	Copaci
Amaca	Hamac
Animali	Animale
Avventura	Aventură
Bussola	Busolă
Cabina	Cabină
Caccia	Vânătoare
Canoa	Canoe
Cappello	Pălărie
Corda	Frânghie
Divertimento	Distracție
Foresta	Pădure
Fuoco	Foc
Insetto	Insectă
Lago	Lac
Luna	Luna
Mappa	Hartă
Montagna	Munte
Natura	Natură
Tenda	Cort

Casa
Casa

Attico	Mansardă
Biblioteca	Bibliotecă
Camera	Cameră
Camino	Vatră
Cucina	Bucătărie
Doccia	Duș
Finestra	Fereastră
Garage	Garaj
Giardino	Grădină
Lampada	Lampă
Parete	Perete
Pavimento	Podea
Porta	Ușă
Recinto	Gard
Rubinetto	Robinet
Scopa	Mătură
Soffitto	Tavan
Specchio	Oglindă
Tappeto	Covor
Tetto	Acoperiș

Chimica
Chimie

Acido	Acid
Alcalino	Alcalin
Atomico	Atomic
Calore	Căldură
Carbonio	Carbon
Catalizzatore	Catalizator
Cloro	Clor
Elettrone	Electron
Enzima	Enzimă
Gas	Gaz
Idrogeno	Hidrogen
Ione	Ion
Liquido	Lichid
Molecola	Moleculă
Nucleare	Nuclear
Organico	Organic
Ossigeno	Oxigen
Peso	Greutate
Sale	Sare
Temperatura	Temperatura

Cibo #1
Alimente #1

Aglio	Usturoi
Basilico	Busuioc
Cannella	Scorțișoară
Carne	Carne
Carota	Morcov
Cipolla	Ceapă
Fragola	Căpșună
Insalata	Salată
Latte	Lapte
Limone	Lămâie
Menta	Mentă
Orzo	Orz
Pera	Pară
Rapa	Nap
Sale	Sare
Spinaci	Spanac
Succo	Suc
Tonno	Ton
Torta	Tort
Zucchero	Zahăr

Cibo #2
Alimente #2

Banana	Banană
Broccolo	Broccoli
Ciliegia	Cireașă
Cioccolato	Ciocolată
Formaggio	Brânză
Fungo	Ciupercă
Grano	Grâu
Kiwi	Kiwi
Mela	Măr
Melanzana	Vânătă
Pane	Pâine
Pesce	Pește
Pollo	Pui
Pomodoro	Roșie
Prosciutto	Șuncă
Riso	Orez
Sedano	Țelină
Uovo	Ou
Uva	Struguri
Yogurt	Iaurt

Cioccolato
Ciocolată

Amaro	Amar
Antiossidante	Antioxidant
Arachidi	Arahide
Brama	Pofta
Cacao	Cacao
Calorie	Calorii
Caramella	Bomboane
Caramello	Caramel
Delizioso	Delicios
Dolce	Dulce
Esotico	Exotic
Gusto	Gust
Gusto	Aromă
Ingrediente	Ingredient
Noce di Cocco	Nucă de Cocos
Preferito	Favorit
Qualità	Calitate
Ricetta	Rețetă
Zucchero	Zahăr

Circo
Circ

Acrobata	Acrobat
Animali	Animale
Biglietto	Bilet
Caramella	Bomboane
Clown	Clovn
Costume	Costum
Elefante	Elefant
Giocoliere	Jongler
Leone	Leu
Magia	Magie
Mago	Magician
Musica	Muzică
Palloncini	Baloane
Parata	Paradă
Scimmia	Maimuță
Spettacolare	Spectaculos
Spettatore	Spectator
Tenda	Cort
Tigre	Tigru
Trucco	Truc

Città
Oraș

Aeroporto	Aeroport
Banca	Bancă
Biblioteca	Bibliotecă
Cinema	Cinema
Clinica	Clinica
Farmacia	Farmacie
Fiorista	Florar
Galleria	Galerie
Hotel	Hotel
Libreria	Librărie
Mercato	Piață
Museo	Muzeu
Negozio	Magazin
Panetteria	Brutărie
Ristorante	Restaurant
Scuola	Școală
Stadio	Stadion
Supermercato	Supermarket
Teatro	Teatru
Università	Universitate

Corpo Umano
Corpul Uman

Bocca	Gură
Caviglia	Glezmă
Cervello	Creier
Collo	Gât
Cuore	Inimă
Dito	Deget
Faccia	Față
Gamba	Picior
Ginocchio	Genunchi
Gomito	Cot
Mano	Mână
Mento	Bărbie
Naso	Nas
Occhio	Ochi
Orecchio	Ureche
Pelle	Piele
Sangue	Sânge
Spalla	Umăr
Stomaco	Stomac
Testa	Cap

Creatività
Creativitate

Abilità	Îndemânare
Artistico	Artistic
Autenticità	Autenticitate
Chiarezza	Claritate
Drammatico	Dramatic
Emozioni	Emoții
Espressione	Expresie
Fluidità	Fluiditate
Idee	Idei
Immaginazione	Imaginație
Immagine	Imagine
Impressione	Impresie
Intensità	Intensitate
Intuizione	Intuiție
Inventivo	Inventiv
Ispirazione	Inspirație
Sensazione	Senzație
Spontaneo	Spontan
Visioni	Viziuni
Vitalità	Vitalitate

Cucina
Bucătărie

Bacchette	Bețișoare
Bollitore	Ceainic
Brocca	Ulcior
Cibo	Alimente
Ciotola	Castron
Coltelli	Cuțite
Congelatore	Congelator
Cucchiai	Linguri
Forchette	Furci
Forno	Cuptor
Frigorifero	Frigider
Grembiule	Șorț
Griglia	Grătar
Mestolo	Polonic
Ricetta	Rețetă
Spezie	Condimente
Spugna	Burete
Tazze	Cupe
Tovagliolo	Șervețel
Vaso	Borcan

Diplomazia
Diplomație

Ambasciata	Ambasadă
Ambasciatore	Ambasador
Cittadini	Cetățeni
Civico	Civic
Comunità	Comunitate
Conflitto	Conflict
Consigliere	Consilier
Cooperazione	Cooperare
Diplomatico	Diplomatic
Discussione	Discuție
Etica	Etică
Giustizia	Dreptate
Governo	Guvern
Integrità	Integritate
Politica	Politică
Risoluzione	Rezoluție
Sicurezza	Securitate
Soluzione	Soluție
Trattato	Tratat
Umanitario	Umanitar

Discipline Scientifiche
Disciplinele Științifice

Anatomia	Anatomie
Archeologia	Arheologie
Astronomia	Astronomie
Biochimica	Biochimie
Biologia	Biologie
Botanica	Botanică
Chimica	Chimie
Ecologia	Ecologie
Fisiologia	Fiziologie
Geologia	Geologie
Immunologia	Imunologie
Linguistica	Lingvistică
Meccanica	Mecanica
Meteorologia	Meteorologie
Mineralogia	Mineralogie
Neurologia	Neurologie
Psicologia	Psihologie
Sociologia	Sociologie
Termodinamica	Termodinamică
Zoologia	Zoologie

Ecologia
Ecologie

Clima	Climat
Comunità	Comunități
Diversità	Diversitate
Fauna	Faună
Flora	Floră
Globale	Global
Habitat	Habitat
Marino	Marin
Natura	Natură
Naturale	Firesc
Palude	Mlaștină
Piante	Plante
Risorse	Resurse
Siccità	Secetă
Sopravvivenza	Supraviețuire
Sostenibile	Durabilă
Specie	Specie
Varietà	Varietate
Vegetazione	Vegetație
Volontari	Voluntari

Edifici
Constructii

Ambasciata	Ambasadă
Appartamento	Apartament
Cabina	Cabină
Castello	Castel
Cinema	Cinema
Fabbrica	Fabrică
Fienile	Hambar
Hotel	Hotel
Laboratorio	Laborator
Museo	Muzeu
Ospedale	Spital
Osservatorio	Observator
Ostello	Pensiune
Scuola	Școală
Stadio	Stadion
Supermercato	Supermarket
Teatro	Teatru
Tenda	Cort
Torre	Turn
Università	Universitate

Elettricità
Electricitate

Attrezzatura	Echipament
Batteria	Baterie
Cavo	Cablu
Conservazione	Depozitare
Elettricista	Electrician
Elettrico	Electric
Fili	Fire
Generatore	Generator
Lampada	Lampă
Lampadina	Bec
Laser	Laser
Magnete	Magnet
Negativo	Negativ
Oggetti	Obiecte
Positivo	Pozitiv
Presa	Priză
Quantità	Cantitate
Rete	Rețea
Telefono	Telefon
Televisione	Televiziune

Emozioni
Emoții

Amore	Dragoste
Beatitudine	Fericire
Calma	Calm
Contenuto	Conținut
Eccitato	Excitat
Gentilezza	Bunătate
Gioia	Bucurie
Grato	Recunoscător
Imbarazzato	Jenat
Noia	Plictiseală
Pace	Pace
Paura	Frică
Rabbia	Furie
Rilassato	Relaxat
Simpatia	Simpatie
Soddisfatto	Satisfăcut
Sorpresa	Surpriză
Tenerezza	Sensibilitate
Tranquillità	Liniște
Tristezza	Tristețe

Energia
Energie

Ambiente	Mediu
Batteria	Baterie
Benzina	Benzină
Calore	Căldură
Carbonio	Carbon
Carburante	Combustibil
Diesel	Motorină
Elettrico	Electric
Elettrone	Electron
Entropia	Entropie
Fotone	Foton
Idrogeno	Hidrogen
Industria	Industrie
Inquinamento	Poluare
Motore	Motor
Nucleare	Nuclear
Rinnovabile	Regenerabile
Turbina	Turbină
Vapore	Abur
Vento	Vânt

Erboristeria
Plante Medicinale

Aglio	Usturoi
Aneto	Mărar
Aromatico	Aromat
Basilico	Busuioc
Culinario	Culinar
Dragoncello	Tarhon
Finocchio	Fenicul
Fiore	Floare
Giardino	Grădină
Ingrediente	Ingredient
Lavanda	Lavandă
Maggiorana	Maghiran
Menta	Mentă
Origano	Oregano
Prezzemolo	Pătrunjel
Qualità	Calitate
Rosmarino	Rozmarin
Timo	Cimbru
Verde	Verde
Zafferano	Șofran

Escursionismo
Drumeții

Acqua	Apă
Animali	Animale
Campeggio	Camping
Clima	Climat
Guide	Ghiduri
Mappa	Hartă
Montagna	Munte
Natura	Natură
Orientamento	Orientare
Parchi	Parcuri
Pericoli	Pericole
Pesante	Greu
Pietre	Pietre
Preparazione	Pregătirea
Scogliera	Stâncă
Selvaggio	Sălbatic
Sole	Soare
Stanco	Obosit
Stivali	Cizme
Vertice	Summit

Etica
Etica

Altruismo	Altruism
Compassione	Compasiune
Cooperazione	Cooperare
Dignità	Demnitate
Diplomatico	Diplomatic
Filosofia	Filozofie
Gentilezza	Bunătate
Individualismo	Individualism
Integrità	Integritate
Onestà	Onestitate
Ottimismo	Optimism
Pazienza	Răbdare
Ragionevole	Rezonabil
Razionalità	Raționalitate
Realismo	Realism
Rispettoso	Respectuos
Saggezza	Înțelepciune
Tolleranza	Toleranță
Umanità	Umanitate
Valori	Valori

Famiglia
Familie

Antenato	Strămoș
Bambino	Copil
Cugino	Văr
Figlia	Fiica
Fratello	Frate
Infanzia	Copilărie
Madre	Mamă
Marito	Soțul
Materno	Matern
Moglie	Soție
Nipote	Nepot
Nipote	Nepoată
Nipote	Nepot
Nonna	Bunica
Nonno	Bunic
Padre	Tată
Paterno	Patern
Sorella	Sora
Zia	Mătușă
Zio	Unchi

Fantascienza
Operă Științifico-Fantas

Atomico	Atomic
Cinema	Cinema
Distopia	Distopie
Esplosione	Explozie
Estremo	Extrem
Fantastico	Fantastic
Fuoco	Foc
Futuristico	Futurist
Galassia	Galaxie
Illusione	Iluzie
Immaginario	Imaginar
Libri	Cărți
Misterioso	Misterios
Mondo	Lume
Oracolo	Oracol
Pianeta	Planetă
Realistico	Realist
Robot	Roboți
Tecnologia	Tehnologie
Utopia	Utopie

Fattoria #1
Ferma # 1

Acqua	Apă
Agricoltura	Agricultură
Ape	Albină
Asino	Măgar
Campo	Câmp
Cane	Câine
Capra	Capră
Cavallo	Cal
Fertilizzante	Îngrăşământ
Fieno	Fân
Gatto	Pisică
Gregge	Turmă
Maiale	Porc
Miele	Miere
Mucca	Vacă
Pollo	Pui
Recinto	Gard
Riso	Orez
Semi	Seminţe
Vitello	Viţel

Fattoria #2
Ferma # 2

Agnello	Miel
Agricoltore	Fermier
Alveare	Stup
Anatra	Raţă
Animali	Animale
Cibo	Alimente
Fienile	Hambar
Frutta	Fruct
Frutteto	Livadă
Grano	Grâu
Irrigazione	Irigare
Lama	Lamă
Latte	Lapte
Mais	Porumb
Oche	Gâşte
Orzo	Orz
Pastore	Păstor
Pecora	Oaie
Prato	Luncă
Trattore	Tractor

Filantropia
Filantropie

Bambini	Copii
Bisogno	Nevoie
Carità	Caritate
Comunità	Comunitate
Contatti	Contacte
Finanza	Finanţa
Fondi	Fonduri
Generosità	Generozitate
Gioventù	Tineret
Globale	Global
Gruppi	Grupuri
Missione	Misiune
Obiettivi	Obiectivele
Onestà	Onestitate
Persone	Oameni
Programmi	Programe
Pubblico	Public
Sfide	Provocări
Storia	Istorie
Umanità	Umanitate

Fisica
Fizică

Accelerazione	Accelerare
Atomo	Atom
Caos	Haos
Chimico	Chimic
Densità	Densitate
Elettrone	Electron
Espansione	Expansiune
Formula	Formulă
Frequenza	Frecvenţă
Gas	Gaz
Gravità	Gravitaţie
Magnetismo	Magnetism
Meccanica	Mecanica
Molecola	Moleculă
Motore	Motor
Nucleare	Nuclear
Particella	Particulă
Relatività	Relativitate
Universale	Universal
Velocità	Viteză

Foresta Pluviale
Pădurea Tropicală

Anfibi	Amfibieni
Botanico	Botanic
Clima	Climat
Comunità	Comunitate
Diversità	Diversitate
Giungla	Junglă
Indigeno	Indigene
Insetti	Insecte
Mammiferi	Mamifere
Muschio	Muşchi
Natura	Natură
Nuvole	Nori
Preservazione	Conservare
Prezioso	Valoros
Restauro	Restaurare
Rifugio	Refugiu
Rispetto	Respect
Sopravvivenza	Supravieţuire
Specie	Specie
Uccelli	Păsări

Forme
Forme

Angolo	Colţ
Arco	Arc
Bordi	Margini
Cerchio	Cerc
Cilindro	Cilindru
Cono	Con
Cubo	Cub
Curva	Curbă
Ellisse	Elipsă
Iperbole	Hiperbolă
Lato	Parte
Linea	Linia
Ovale	Oval
Piramide	Piramidă
Poligono	Poligon
Prisma	Prismă
Quadrato	Pătrat
Rettangolo	Dreptunghi
Sfera	Sferă
Triangolo	Triunghi

Forniture Artistiche
Materiale de Artă

Acqua	Apă
Acquerelli	Acuarele
Acrilico	Acrilic
Argilla	Lut
Carbone	Cărbune
Carta	Hârtie
Cavalletto	Șevalet
Colla	Lipici
Colori	Culori
Creatività	Creativitate
Gomma	Radieră
Idee	Idei
Inchiostro	Cerneală
Matite	Creioane
Olio	Ulei
Pastelli	Pasteluri
Sedia	Scaun
Spazzole	Perii
Tavolo	Tabel
Telecamera	Aparat Foto

Forza e Gravità
Forța și Gravitatea

Asse	Axă
Attrito	Frecare
Centro	Centru
Dinamico	Dinamic
Distanza	Distanță
Espansione	Expansiune
Fisica	Fizică
Impatto	Impact
Magnetismo	Magnetism
Meccanica	Mecanica
Movimento	Mișcare
Orbita	Orbită
Peso	Greutate
Pianeti	Planete
Pressione	Presiune
Proprietà	Proprietăți
Scoperta	Descoperire
Tempo	Timp
Universale	Universal
Velocità	Viteză

Frutta
Fructe

Albicocca	Caisă
Ananas	Ananas
Arancia	Portocaliu
Avocado	Avocado
Bacca	Bacă
Banana	Banană
Ciliegia	Cireașă
Kiwi	Kiwi
Lampone	Zmeură
Limone	Lămâie
Mango	Mango
Mela	Măr
Melone	Pepene
Mora	Mure
Nettarina	Nectarină
Papaia	Papaya
Pera	Pară
Pesca	Piersică
Prugna	Prună
Uva	Struguri

Gatti
Pisicile

Affettuoso	Afectuos
Artiglio	Gheară
Cacciatore	Vânător
Coda	Coadă
Curioso	Curios
Divertente	Amuzant
Dormire	Somn
Filo	Fire
Giocoso	Jucăuș
Indipendente	Independent
Pazzo	Nebun
Pelliccia	Blană
Personalità	Personalitate
Poco	Mic
Selvaggio	Sălbatic
Timido	Timid
Topo	Șoarece
Veloce	Rapid
Zampa	Laba

Geografia
Geografie

Altitudine	Altitudine
Atlante	Atlas
Città	Oraș
Continente	Continent
Emisfero	Emisferă
Fiume	Râu
Isola	Insulă
Latitudine	Latitudine
Longitudine	Longitudine
Mappa	Hartă
Mare	Mare
Meridiano	Meridian
Mondo	Lume
Montagna	Munte
Nord	Nord
Ovest	Vest
Paese	Țară
Regione	Regiune
Sud	Sud
Territorio	Teritoriu

Geologia
Geologie

Acido	Acid
Altopiano	Platou
Calcio	Calciu
Caverna	Cavernă
Continente	Continent
Corallo	Coral
Cristalli	Cristale
Erosione	Eroziune
Fossile	Fosil
Geyser	Gheizer
Lava	Lavă
Minerali	Minerale
Pietra	Piatră
Quarzo	Cuarț
Sale	Sare
Stalagmiti	Stalagmite
Stalattite	Stalactit
Strato	Strat
Terremoto	Cutremur
Vulcano	Vulcan

Geometria
Geometrie

Altezza	Înălţime
Angolo	Unghi
Calcolo	Calcul
Cerchio	Cerc
Curva	Curbă
Diametro	Diametru
Dimensione	Dimensiune
Equazione	Ecuaţie
Logica	Logică
Mediano	Mediană
Numero	Număr
Orizzontale	Orizontală
Parallelo	Paralel
Proporzione	Proporţie
Segmento	Segment
Simmetria	Simetrie
Superficie	Suprafaţă
Teoria	Teorie
Triangolo	Triunghi
Verticale	Vertical

Giardino
Grădină

Albero	Copac
Amaca	Hamac
Cespuglio	Tufiş
Erba	Iarbă
Erbacce	Buruieni
Fiore	Floare
Frutteto	Livadă
Garage	Garaj
Giardino	Grădină
Pala	Lopată
Panca	Bancă
Portico	Verandă
Prato	Gazon
Rastrello	Greblă
Recinto	Gard
Stagno	Iaz
Suolo	Sol
Terrazza	Terasă
Trampolino	Trambulină
Tubo	Furtun

Giorni e Mesi
Zile şi Lunile

Agosto	August
Anno	An
Aprile	Aprilie
Calendario	Calendar
Dicembre	Decembrie
Domenica	Duminică
Febbraio	Februarie
Gennaio	Ianuarie
Giugno	Iunie
Luglio	Iulie
Lunedì	Luni
Martedì	Marţi
Mercoledì	Miercuri
Mese	Lună
Novembre	Noiembrie
Ottobre	Octombrie
Sabato	Sâmbătă
Settembre	Septembrie
Settimana	Săptămână
Venerdì	Vineri

Governo
Guvern

Capo	Lider
Cittadinanza	Cetăţenie
Civile	Civil
Costituzione	Constituţie
Democrazia	Democraţie
Discorso	Vorbire
Discussione	Discuţie
Giudiziario	Juridic
Giustizia	Dreptate
Indipendenza	Independenţă
Legge	Lege
Libertà	Libertate
Monumento	Monument
Nazionale	Naţional
Nazione	Naţiune
Politica	Politică
Quartiere	District
Simbolo	Simbol
Stato	Stat
Uguaglianza	Egalitate

Guida
Conducere

Auto	Maşină
Autobus	Autobuz
Carburante	Combustibil
Freni	Frâne
Garage	Garaj
Gas	Gaz
Incidente	Accident
Licenza	Licenţă
Mappa	Hartă
Moto	Motocicletă
Motore	Motor
Pedonale	Pieton
Pericolo	Pericol
Polizia	Politie
Sicurezza	Siguranţă
Strada	Drum
Traffico	Trafic
Trasporto	Transport
Tunnel	Tunel
Velocità	Viteză

I Media
Mass-Media

Atteggiamenti	Atitudini
Commerciale	Comercial
Comunicazione	Comunicare
Digitale	Digital
Edizione	Ediţie
Educazione	Educaţie
Fatti	Fapte
Finanziamento	Finanţarea
Foto	Fotografii
Giornali	Presă
Individuale	Individual
Industria	Industrie
Intellettuale	Intelectual
Locale	Local
Online	Online
Opinione	Opinie
Pubblico	Public
Radio	Radio
Rete	Reţea
Televisione	Televiziune

Imbarcazioni
Barci

Albero	Catarg
Ancora	Ancoră
Boa	Geamandură
Canoa	Canoe
Corda	Frânghie
Equipaggio	Echipaj
Fiume	Râu
Kayak	Caiac
Lago	Lac
Mare	Mare
Marea	Maree
Marinaio	Marinar
Marittimo	Maritim
Motore	Motor
Nautico	Nautic
Oceano	Ocean
Onde	Valuri
Traghetto	Bac
Yacht	Iaht
Zattera	Plută

Ingegneria
Inginerie

Angolo	Unghi
Asse	Axă
Calcolo	Calcul
Costruzione	Construcţie
Diagramma	Diagramă
Diametro	Diametru
Diesel	Motorină
Distribuzione	Distribuţie
Energia	Energie
Forza	Tărie
Ingranaggi	Unelte
Liquido	Lichid
Macchina	Maşină
Misurazione	Măsurare
Motore	Motor
Profondità	Adâncime
Propulsione	Propulsie
Rotazione	Rotaţie
Stabilità	Stabilitate
Struttura	Structura

Jazz
Jazz

Album	Album
Applauso	Aplauze
Artista	Artist
Canzone	Cântec
Compositore	Compozitor
Composizione	Compoziţie
Concerto	Concert
Enfasi	Accent
Famoso	Celebru
Genere	Gen
Improvvisazione	Improvizaţie
Musica	Muzică
Nuovo	Nou
Orchestra	Orchestră
Preferiti	Favorite
Ritmo	Ritm
Stile	Stil
Talento	Talent
Tecnica	Tehnică
Vecchio	Vechi

L'Azienda
Compania

Creativo	Creativ
Decisione	Decizie
Globale	Global
Industria	Industrie
Innovativo	Inovator
Investimento	Investiţii
Occupazione	Angajare
Possibilità	Posibilitate
Presentazione	Prezentare
Prodotto	Produs
Professionale	Profesional
Progresso	Progres
Qualità	Calitate
Reddito	Venituri
Reputazione	Reputatie
Rischi	Riscuri
Risorse	Resurse
Salari	Salarii
Tendenze	Tendinţe
Unità	Unităţi

Letteratura
Literatură

Analisi	Analiză
Analogia	Analogie
Aneddoto	Anecdotă
Autore	Autor
Biografia	Biografie
Conclusione	Concluzie
Confronto	Comparaţie
Descrizione	Descriere
Dialogo	Dialog
Genere	Gen
Metafora	Metaforă
Opinione	Opinie
Poesia	Poem
Poetico	Poetic
Rima	Rimă
Ritmo	Ritm
Romanzo	Roman
Stile	Stil
Tema	Temă
Tragedia	Tragedie

Libri
Cărţi

Autore	Autor
Avventura	Aventură
Collezione	Colecţie
Contesto	Context
Dualità	Dualitate
Epico	Epic
Inventivo	Inventiv
Letterario	Literar
Lettore	Cititor
Narratore	Narator
Pagina	Pagină
Poesia	Poezie
Rilevante	Relevant
Romanzo	Roman
Scritto	Scris
Serie	Serie
Storia	Poveste
Storico	Istoric
Tragico	Tragic
Umoristico	Plin de Umor

Mammiferi
Mamiferele

Balena	Balenă
Cane	Câine
Canguro	Cangur
Cavallo	Cal
Cervo	Cerb
Coniglio	Iepure
Coyote	Coiot
Delfino	Delfin
Elefante	Elefant
Gatto	Pisică
Giraffa	Girafă
Gorilla	Gorilă
Leone	Leu
Lupo	Lup
Orso	Urs
Pecora	Oaie
Scimmia	Maimuță
Toro	Taur
Volpe	Vulpe
Zebra	Zebră

Matematica
Matematică

Angoli	Unghiuri
Aritmetica	Aritmetică
Circonferenza	Circumferinţă
Decimale	Zecimal
Diametro	Diametru
Equazione	Ecuaţie
Esponente	Exponent
Frazione	Fracţiune
Geometria	Geometrie
Parallelo	Paralel
Parallelogramma	Paralelogram
Perimetro	Perimetru
Poligono	Poligon
Quadrato	Pătrat
Raggio	Rază
Rettangolo	Dreptunghi
Simmetria	Simetrie
Somma	Sumă
Triangolo	Triunghi
Volume	Volum

Meditazione
Meditaţie

Accettazione	Acceptare
Attenzione	Atenţie
Calma	Calm
Chiarezza	Claritate
Compassione	Compasiune
Emozioni	Emoţii
Gentilezza	Bunătate
Gratitudine	Recunoştinţă
Mentale	Mental
Mente	Minte
Movimento	Mişcare
Musica	Muzică
Natura	Natură
Osservazione	Observare
Pace	Pace
Pensieri	Gânduri
Postura	Postură
Prospettiva	Perspectivă
Respirazione	Respiraţie
Silenzio	Tăcere

Meteo
Vremea

Arcobaleno	Curcubeu
Asciutto	Uscat
Atmosfera	Atmosferă
Brezza	Briză
Cielo	Cer
Clima	Climat
Fulmine	Fulger
Ghiaccio	Gheaţă
Monsone	Muson
Nebbia	Ceaţă
Nube	Nor
Polare	Polar
Siccità	Secetă
Temperatura	Temperatura
Tempesta	Furtună
Tornado	Tornadă
Tropicale	Tropicale
Tuono	Tunet
Uragano	Uragan
Vento	Vânt

Misurazioni
Măsurătorile

Altezza	Înălţime
Byte	Byte
Centimetro	Centimetru
Chilogrammo	Kilogram
Chilometro	Kilometru
Decimale	Zecimal
Grado	Grad
Grammo	Gram
Larghezza	Lăţime
Litro	Litru
Lunghezza	Lungime
Metro	Metru
Minuto	Minut
Oncia	Uncie
Peso	Greutate
Pinta	Halbă
Pollice	Inch
Profondità	Adâncime
Tonnellata	Tonă
Volume	Volum

Mitologia
Mitologie

Archetipo	Arhetip
Comportamento	Comportament
Creatura	Făptură
Creazione	Creare
Cultura	Cultură
Disastro	Dezastru
Divinità	Zeităţi
Eroe	Erou
Forza	Tărie
Fulmine	Fulger
Gelosia	Gelozie
Guerriero	Războinic
Immortalità	Nemurire
Labirinto	Labirint
Leggenda	Legendă
Magico	Magic
Mortale	Muritor
Mostro	Monstru
Tuono	Tunet
Vendetta	Răzbunare

Moda
Modă

Abbigliamento	Îmbrăcăminte
Boutique	Butic
Caro	Scump
Confortevole	Confortabil
Elegante	Elegant
Minimalista	Minimalist
Modello	Model
Moderno	Modern
Modesto	Modest
Originale	Original
Pizzo	Dantelă
Pratico	Practic
Pulsanti	Butoane
Ricamo	Broderie
Semplice	Simplu
Sofisticato	Sofisticat
Stile	Stil
Tendenza	Tendință
Tessuto	Țesătură
Trama	Textură

Musica
Muzica

Album	Album
Armonia	Armonie
Armonico	Armonic
Ballata	Baladă
Cantante	Cântăreț
Cantare	Cânta
Classico	Clasic
Coro	Cor
Lirico	Liric
Melodia	Melodie
Microfono	Microfon
Musicale	Muzical
Musicista	Muzician
Opera	Operă
Poetico	Poetic
Registrazione	Înregistrare
Ritmico	Ritmic
Ritmo	Ritm
Strumento	Instrument
Vocale	Vocal

Natura
Natura

Animali	Animale
Api	Albine
Artico	Arctic
Bellezza	Frumusețe
Deserto	Deșert
Dinamico	Dinamic
Erosione	Eroziune
Fiume	Râu
Fogliame	Frunze
Foresta	Pădure
Ghiacciaio	Ghețar
Nebbia	Ceață
Nuvole	Nori
Rifugio	Adăpost
Santuario	Sanctuar
Scogliere	Stânci
Selvaggio	Sălbatic
Sereno	Senin
Tropicale	Tropical
Vitale	Vital

Numeri
Numerele

Cinque	Cinci
Decimale	Zecimal
Diciannove	Nouăsprezece
Diciassette	Șaptesprezece
Diciotto	Optsprezece
Dieci	Zece
Dodici	Doisprezece
Due	Doi
Nove	Nouă
Otto	Opt
Quattordici	Paisprezece
Quattro	Patru
Quindici	Cincisprezece
Sedici	Șaisprezece
Sei	Șase
Sette	Șapte
Tre	Trei
Tredici	Treisprezece
Venti	Douăzeci
Zero	Zero

Nutrizione
Alimentație

Amaro	Amar
Appetito	Apetit
Bilanciato	Echilibrat
Calorie	Calorii
Carboidrati	Glucide
Commestibile	Comestibil
Dieta	Dietă
Digestione	Digestie
Fermentazione	Fermentație
Liquidi	Lichide
Nutriente	Nutrient
Peso	Greutate
Proteine	Proteine
Qualità	Calitate
Salsa	Sos
Salute	Sănătate
Sano	Sănătos
Spezie	Condimente
Tossina	Toxină
Vitamina	Vitamină

Oceano
Ocean

Alghe	Alge
Anguilla	Anghilă
Balena	Balenă
Barca	Barcă
Corallo	Coral
Delfino	Delfin
Gamberetto	Crevetă
Granchio	Crab
Maree	Maree
Medusa	Meduze
Onde	Valuri
Ostrica	Stridie
Pesce	Pește
Polpo	Caracatiță
Sale	Sare
Scogliera	Recif
Spugna	Burete
Squalo	Rechin
Tempesta	Furtună
Tonno	Ton

Paesaggi
Peisaje

Cascata	Cascadă
Collina	Deal
Deserto	Deșert
Fiume	Râu
Geyser	Gheizer
Ghiacciaio	Ghețar
Grotta	Peșteră
Iceberg	Aisberg
Isola	Insulă
Lago	Lac
Mare	Mare
Montagna	Munte
Oasi	Oază
Oceano	Ocean
Palude	Mlaștină
Penisola	Peninsulă
Spiaggia	Plajă
Tundra	Tundră
Valle	Vale
Vulcano	Vulcan

Paesi #1
Țările #1

Brasile	Brazilia
Cambogia	Cambodgia
Canada	Canada
Egitto	Egipt
Finlandia	Finlanda
Germania	Germania
India	India
Iraq	Irak
Israele	Israel
Libia	Libia
Mali	Mali
Marocco	Maroc
Norvegia	Norvegia
Panama	Panama
Polonia	Polonia
Romania	România
Senegal	Senegal
Spagna	Spania
Venezuela	Venezuela
Vietnam	Vietnam

Paesi #2
Țările #2

Albania	Albania
Danimarca	Danemarca
Etiopia	Etiopia
Giamaica	Jamaica
Giappone	Japonia
Grecia	Grecia
Haiti	Haiti
Indonesia	Indonezia
Irlanda	Irlanda
Laos	Laos
Liberia	Liberia
Messico	Mexic
Nepal	Nepal
Nigeria	Nigeria
Pakistan	Pakistan
Russia	Rusia
Siria	Siria
Sudan	Sudan
Ucraina	Ucraina
Uganda	Uganda

Piante
Plante

Albero	Copac
Bacca	Bacă
Bambù	Bambus
Botanica	Botanică
Cactus	Cactus
Cespuglio	Tufiș
Crescere	Crește
Edera	Iederă
Erba	Iarbă
Fagiolo	Fasole
Fertilizzante	Îngrășământ
Fiore	Floare
Flora	Floră
Fogliame	Frunze
Foresta	Pădure
Giardino	Grădină
Muschio	Mușchi
Petalo	Petală
Radice	Rădăcină
Vegetazione	Vegetație

Professioni #1
Profesiile #1

Allenatore	Antrenor
Ambasciatore	Ambasador
Artista	Artist
Astronomo	Astronom
Avvocato	Avocat
Ballerino	Dansator
Banchiere	Bancher
Cacciatore	Vânător
Cartografo	Cartograf
Editore	Editor
Farmacista	Farmacist
Geologo	Geolog
Gioielliere	Bijutier
Idraulico	Instalator
Marinaio	Marinar
Musicista	Muzician
Pianista	Pianist
Psicologo	Psiholog
Scienziato	Om de Știință
Veterinario	Veterinar

Professioni #2
Profesiile #2

Astronauta	Astronaut
Bibliotecario	Bibliotecar
Biologo	Biolog
Chirurgo	Chirurg
Dentista	Dentist
Filosofo	Filozof
Fotografo	Fotograf
Giardiniere	Grădinar
Giornalista	Jurnalist
Illustratore	Ilustrator
Ingegnere	Inginer
Insegnante	Profesor
Inventore	Inventator
Investigatore	Investigator
Linguista	Lingvist
Medico	Medic
Pilota	Pilot
Pittore	Pictor
Ricercatore	Cercetător
Zoologo	Zoolog

Psicologia
Psihologie

Appuntamento	Programare
Clinico	Clinic
Cognizione	Cunoaștere
Comportamento	Comportament
Conflitto	Conflict
Ego	Ego
Emozioni	Emoții
Esperienze	Experiențe
Idee	Idei
Inconscio	Inconștient
Infanzia	Copilărie
Pensieri	Gânduri
Percezione	Percepție
Personalità	Personalitate
Problema	Problemă
Realtà	Realitate
Sensazione	Senzație
Subconscio	Subconștient
Terapia	Terapie
Valutazione	Evaluare

Ristorante #2
Restaurantul #2

Acqua	Apă
Aperitivo	Aperitiv
Bevanda	Băutură
Cameriere	Chelner
Cena	Cina
Cucchiaio	Lingură
Delizioso	Delicios
Forchetta	Furcă
Frutta	Fruct
Ghiaccio	Gheață
Insalata	Salată
Minestra	Supă
Pesce	Pește
Pranzo	Prânz
Sale	Sare
Sedia	Scaun
Spezie	Condimente
Torta	Tort
Uova	Ouă
Verdure	Legume

Salute e Benessere #1
Sănătate și Bunăstare #1

Abitudine	Obicei
Altezza	Înălțime
Attivo	Activ
Batteri	Bacterii
Clinica	Clinica
Fame	Foame
Farmacia	Farmacie
Frattura	Fractură
Medicina	Medicină
Medico	Doctor
Muscoli	Mușchi
Nervi	Nervi
Ormoni	Hormoni
Pelle	Piele
Postura	Postură
Riflesso	Reflex
Rilassamento	Relaxare
Terapia	Terapie
Trattamento	Tratament
Virus	Virus

Salute e Benessere #2
Sănătate și Bunăstare #2

Allergia	Alergie
Anatomia	Anatomie
Appetito	Apetit
Caloria	Calorii
Corpo	Corp
Dieta	Dietă
Digestione	Digestie
Disidratazione	Deshidratare
Energia	Energie
Genetica	Genetică
Igiene	Igienă
Infezione	Infecție
Malattia	Boala
Massaggio	Masaj
Nutrizione	Nutriție
Ospedale	Spital
Peso	Greutate
Sangue	Sânge
Sano	Sănătos
Vitamina	Vitamină

Scacchi
Șah

Avversario	Adversar
Bianco	Alb
Campione	Campion
Concorso	Concurs
Diagonale	Diagonală
Giocatore	Jucător
Gioco	Joc
Intelligente	Inteligent
Nero	Negru
Passivo	Pasiv
Punti	Puncte
Re	Rege
Regina	Regină
Regole	Reguli
Sacrificio	Sacrificiu
Sfide	Provocări
Strategia	Strategie
Tempo	Timp
Torneo	Turneu

Scienza
Știință

Atomo	Atom
Chimico	Chimic
Clima	Climat
Dati	Date
Esperimento	Experiment
Evoluzione	Evoluție
Fatto	Fapt
Fisica	Fizică
Fossile	Fosil
Gravità	Gravitație
Ipotesi	Ipoteză
Laboratorio	Laborator
Metodo	Metodă
Minerali	Minerale
Molecole	Molecule
Natura	Natură
Organismo	Organism
Osservazione	Observare
Particelle	Particule
Scienziato	Om de Știință

Spezie
Condimente

Aglio	Usturoi
Amaro	Amar
Anice	Anason
Cannella	Scorțișoară
Cardamomo	Cardamom
Cipolla	Ceapă
Coriandolo	Coriandru
Cumino	Chimion
Curcuma	Curcumă
Curry	Curry
Dolce	Dulce
Finocchio	Fenicul
Liquirizia	Lemn Dulce
Noce Moscata	Nucșoară
Paprika	Paprika
Pepe	Piper
Sale	Sare
Vaniglia	Vanilie
Zafferano	Șofran
Zenzero	Ghimbir

Strumenti Musicali
Instrumente Muzicale

Armonica	Muzicuță
Arpa	Harpă
Banjo	Banjo
Chitarra	Chitară
Clarinetto	Clarinet
Fagotto	Fagot
Flauto	Flaut
Gong	Gong
Mandolino	Mandolină
Marimba	Marimba
Oboe	Oboi
Percussione	Percuție
Pianoforte	Pian
Sassofono	Saxofon
Tamburello	Tamburină
Tamburo	Tobă
Tromba	Trompetă
Trombone	Trombon
Violino	Vioară
Violoncello	Violoncel

Tempo
Timp

Anno	An
Annuale	Anual
Calendario	Calendar
Decennio	Deceniu
Dopo	După
Futuro	Viitor
Giorno	Zi
Ieri	Ieri
Mattina	Dimineață
Mese	Lună
Mezzogiorno	Amiază
Minuto	Minut
Notte	Noapte
Oggi	Azi
Ora	Oră
Orologio	Ceas
Presto	Curând
Prima	Înainte
Secolo	Secol
Settimana	Săptămână

Tipi di Capelli
Tipuri de Par

Argento	Argint
Asciutto	Uscat
Bianco	Alb
Biondo	Blond
Breve	Scurt
Calvo	Chel
Colorato	Colorate
Grigio	Gri
Intrecciato	Împletit
Liscio	Neted
Lungo	Lung
Marrone	Maro
Morbido	Moale
Nero	Negru
Riccio	Cret
Riccioli	Bucle
Sano	Sănătos
Sottile	Subțire
Spessore	Gros
Trecce	Împletituri

Uccelli
Păsări

Airone	Stârc
Anatra	Rață
Aquila	Vultur
Cicogna	Barză
Cigno	Lebădă
Cuculo	Cuc
Falco	Șoim
Fenicottero	Flamingo
Gabbiano	Pescăruș
Oca	Gâscă
Pappagallo	Papagal
Passero	Vrabie
Pavone	Păun
Pellicano	Pelican
Piccione	Porumbel
Pinguino	Pinguin
Pollo	Pui
Struzzo	Struț
Tucano	Toucan
Uovo	Ou

Universo
Universul

Asteroide	Asteroid
Astronomia	Astronomie
Astronomo	Astronom
Atmosfera	Atmosferă
Buio	Întuneric
Celeste	Ceresc
Cielo	Cer
Cosmico	Cosmic
Emisfero	Emisferă
Galassia	Galaxie
Latitudine	Latitudine
Longitudine	Longitudine
Luna	Luna
Orbita	Orbită
Orizzonte	Orizont
Solare	Solar
Solstizio	Solstițiu
Telescopio	Telescop
Visibile	Vizibil
Zodiaco	Zodiac

Vacanze #2
Vacanță #2

Aeroporto	Aeroport
Campeggio	Camping
Destinazione	Destinaţie
Foto	Fotografii
Hotel	Hotel
Isola	Insulă
Mappa	Hartă
Mare	Mare
Passaporto	Paşaport
Ristorante	Restaurant
Spiaggia	Plajă
Straniero	Străin
Taxi	Taxi
Tempo Libero	Timp Liber
Tenda	Cort
Trasporto	Transport
Treno	Tren
Vacanza	Vacanţă
Viaggio	Călătorie
Visto	Viză

Veicoli
Autovehicule

Aereo	Avion
Ambulanza	Ambulanţă
Auto	Maşină
Autobus	Autobuz
Barca	Barcă
Bicicletta	Bicicletă
Camion	Camion
Caravan	Caravană
Elicottero	Elicopter
Metropolitana	Metrou
Motore	Motor
Pneumatici	Anvelope
Razzo	Rachetă
Scooter	Scuter
Sottomarino	Submarin
Taxi	Taxi
Traghetto	Bac
Trattore	Tractor
Treno	Tren
Zattera	Plută

Verdure
Legume

Aglio	Usturoi
Broccolo	Broccoli
Carciofo	Anghinare
Carota	Morcov
Cetriolo	Castravete
Cipolla	Ceapă
Fungo	Ciupercă
Insalata	Salată
Melanzana	Vânătă
Patata	Cartof
Pisello	Mazăre
Pomodoro	Roşie
Prezzemolo	Pătrunjel
Rapa	Nap
Ravanello	Ridiche
Scalogno	Şalotă
Sedano	Ţelină
Spinaci	Spanac
Zenzero	Ghimbir
Zucca	Dovleac

Vestiti
Haine

Abito	Rochie
Braccialetto	Brăţară
Camicetta	Bluză
Camicia	Cămaşă
Cappello	Pălărie
Cappotto	Haina
Cintura	Curea
Collana	Colier
Giacca	Sacou
Gonna	Fusta
Grembiule	Şorţ
Guanti	Mănuşi
Jeans	Blugi
Maglione	Pulover
Moda	Modă
Pantaloni	Pantaloni
Pigiama	Pijama
Sandali	Sandale
Scarpa	Pantof
Sciarpa	Eşarfă

Congratulazioni

Ce l'hai fatta!

Speriamo che questo libro vi sia piaciuto tanto quanto a noi è piaciuto concepirlo. Ci sforziamo di creare libri della più alta qualità possibile.
Questa edizione è progettata per fornire un apprendimento intelligente, di qualità e divertente!

Le è piaciuto questo libro?

Una Semplice Richiesta

Questi libri esistono grazie alle recensioni che pubblicate.

Puoi aiutarci lasciando una recensione
ora a questo link ?

BestBooksActivity.com/Recensioni50

SFIDA FINALE!

Sfida n°1

Sei pronto per il tuo gioco gratuito? Li usiamo sempre, ma non sono così facili da trovare - ecco i **Sinonimi!**

Scrivi 5 parole che hai trovato nei puzzle (n° 21, n° 36, n° 76) e prova a trovare 2 sinonimi per ogni parola.

Scrivi 5 parole del **Puzzle 21**

Parole	Sinonimo 1	Sinonimo 2

Scrivi 5 parole del **Puzzle 36**

Parole	Sinonimo 1	Sinonimo 2

Scrivi 5 parole del **Puzzle 76**

Parole	Sinonimo 1	Sinonimo 2

Sfida n°2

Ora che ti sei riscaldato, scrivi 5 parole che hai trovato nei puzzle n° 9,
n° 17 e n° 25 e cerca di trovare 2 contrari per ogni parola. Quanti ne puoi
trovare in 20 minuti?

Scrivi 5 parole del **Puzzle 9**

Parole	Antonimo 1	Antonimo 2

Scrivi 5 parole del **Puzzle 17**

Parole	Antonimo 1	Antonimo 2

Scrivi 5 parole del **Puzzle 25**

Parole	Antonimo 1	Antonimo 2

Sfida n°3

Grande! Questa sfida non è niente per te!

Pronto per la sfida finale? Scegli 10 parole che hai scoperto nei diversi puzzle e scrivile qui sotto.

1.	6.
2.	7.
3.	8.
4.	9.
5.	10.

Ora scrivi un testo pensando a una persona, un animale o un luogo che ti piace.

Puoi usare l'ultima pagina di questo libro come bozza.

La tua composizione:

TACCUINO:

A PRESTO!

Tutta la Squadra